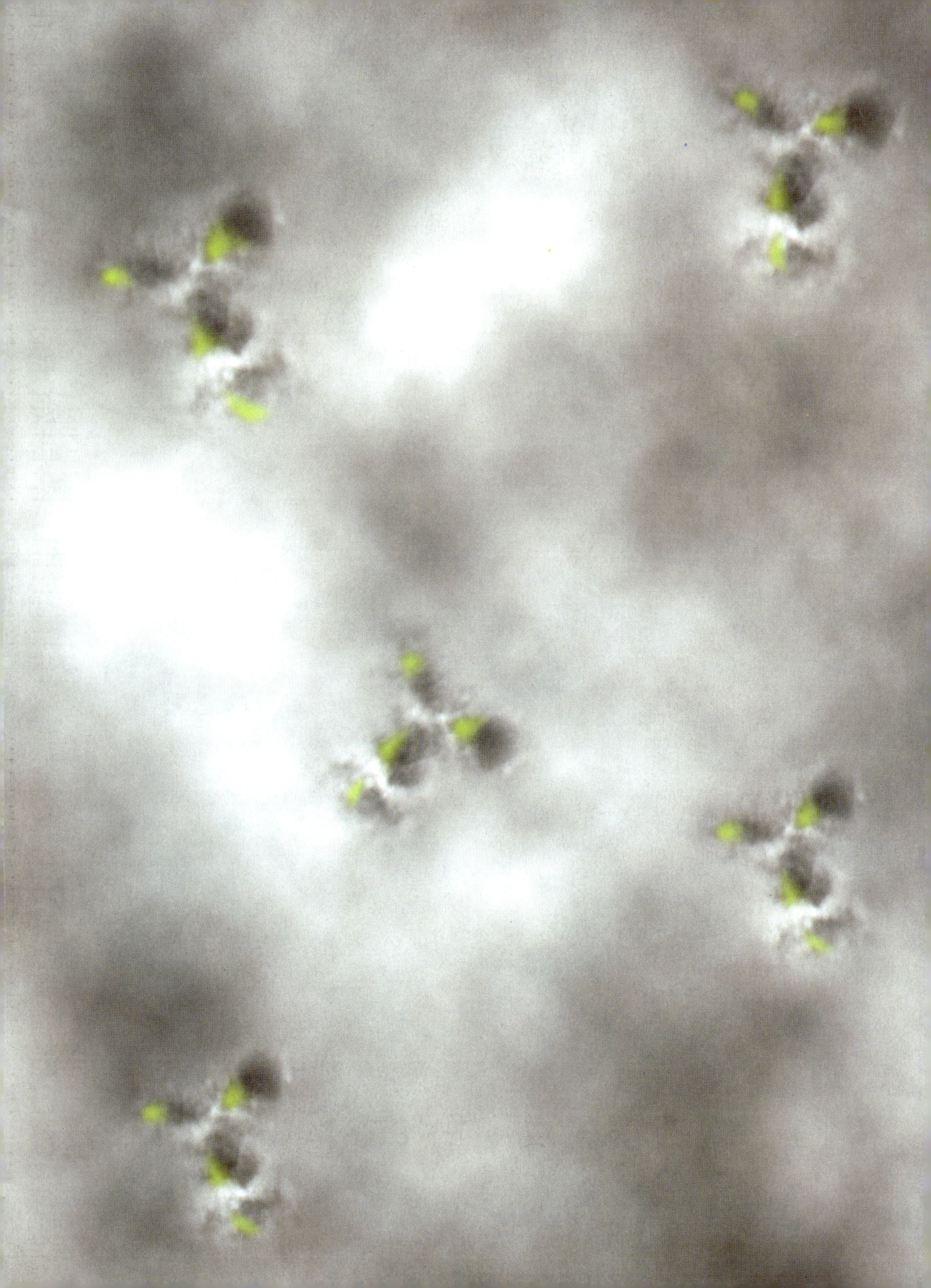

Phänomene des Unbekannten

Rätsel des Universums

Übersinnliche Kräfte

Vampire, Geister und Phantome

Ufos und Aliens

Colin Wilson

Phänomene des Unbekannten

Rätsel des Universums

garant

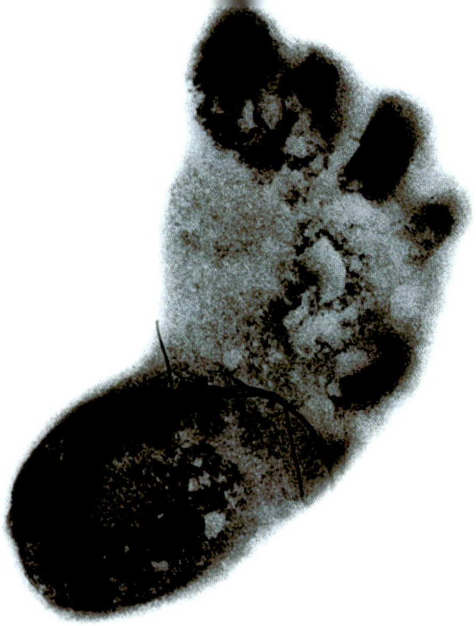

www.garant-verlag.de

Aus dem englischen von Andreas Hoffmann M.A. und Caroline Klima

Umschlaggestaltung: Simone Halfar

ISBN: 978-3-938264-08-9

Bildnachweis

Der Verlag dankt Karen Fielding, Nick Pope, Terry Oakes, Andy Crawford, Gerry Ombler, Sarah Ashun, Mathew Birch, Robin Hunter und Catherin Edkins für Illustrationen, Make-Up, Unterstützung und Mitarbeit sowie den folgenden Personen, Fotoagenturen und Institutionen für die freundliche Genehmigung des Nachdrucks der verwendeten Fotos:

Academy of Applied Science, Robert H. Rines, Adam Hart Davis, AKG, Allsport, The Ancient Art & Architecture Collection Ltd, Arrow Publishers, Barnaby's Picture Library, Beinecke Library, Bermuda Natural History Museum: Wolfgang E. Sterrer, The Bridgeman Art Library, The British Museum, Caters News Agency, Colorific, Corbis UK Ltd, David & Michael Tarn, Dobson Agency, Dr Alan Beaumont, English Heritage Photographic Library, Fortean Picture Library: K. Aarsleff/ A. Barker/ Werner Berger/ Booth Museum/ J&C Bord/ R. Dahinden/ Dr. E. R. Gruber/ L. Lawry/ Dr. G.T. Meaden/ P. Mendoza /R. Le Serrec/ F.C. Taylor , Frank Lane Picture Agency, Frank Spooner Pictures, Galaxy Picture Library, Getty Images, Harold Withers, Hebridean Press Service, The Hutchinson Library, Images Colour Library/ Charles Walker Collection, Jacquie Gulliver, The Kobal Collection/ Paramount, Lambeth Palace Library, Magnum Photos/ H. Gruyaert, Mary Evans Picture Library, Maurice Grosse, Michael Holford, Milepost, Mirror Syndication International, NASA, Natural History Museum, Oxford Scientific Films, Peter Newark's Historical Pictures, Peter Underwood, Präsident der Ghost Club Society, Planet Earth Pictures/ Peter Scones, Popperfoto, Quest, Rex Features, Robert Estall Photo Library, Robert Harding Picture Library, Ronald Grant Archive, Science Photo Library: B&C Alexander/ Julian Baum/ G. Hadjo/ D.A. Hardy/ M. Kulyk/ NCAR/ NASA/ David Nunuk/ David Parker/ P. Parviainen/ Robin Scagel/ Dr. S. Shostak/ F.K. Smith/ Frank Zullo, Scope Features, Scotland in Focus, Simon Marsden, Solo Syndication, Sonia Halliday, South American Pictures, Spectrum Colour Library, Spectrum Colour Library, Telegraph Colour Library, Tony Stone Images: Jeremy Walker, Topham Picturepoint: US Geological Survey/ John S. Derr, Werner Forman Archive, Zefa Pictures

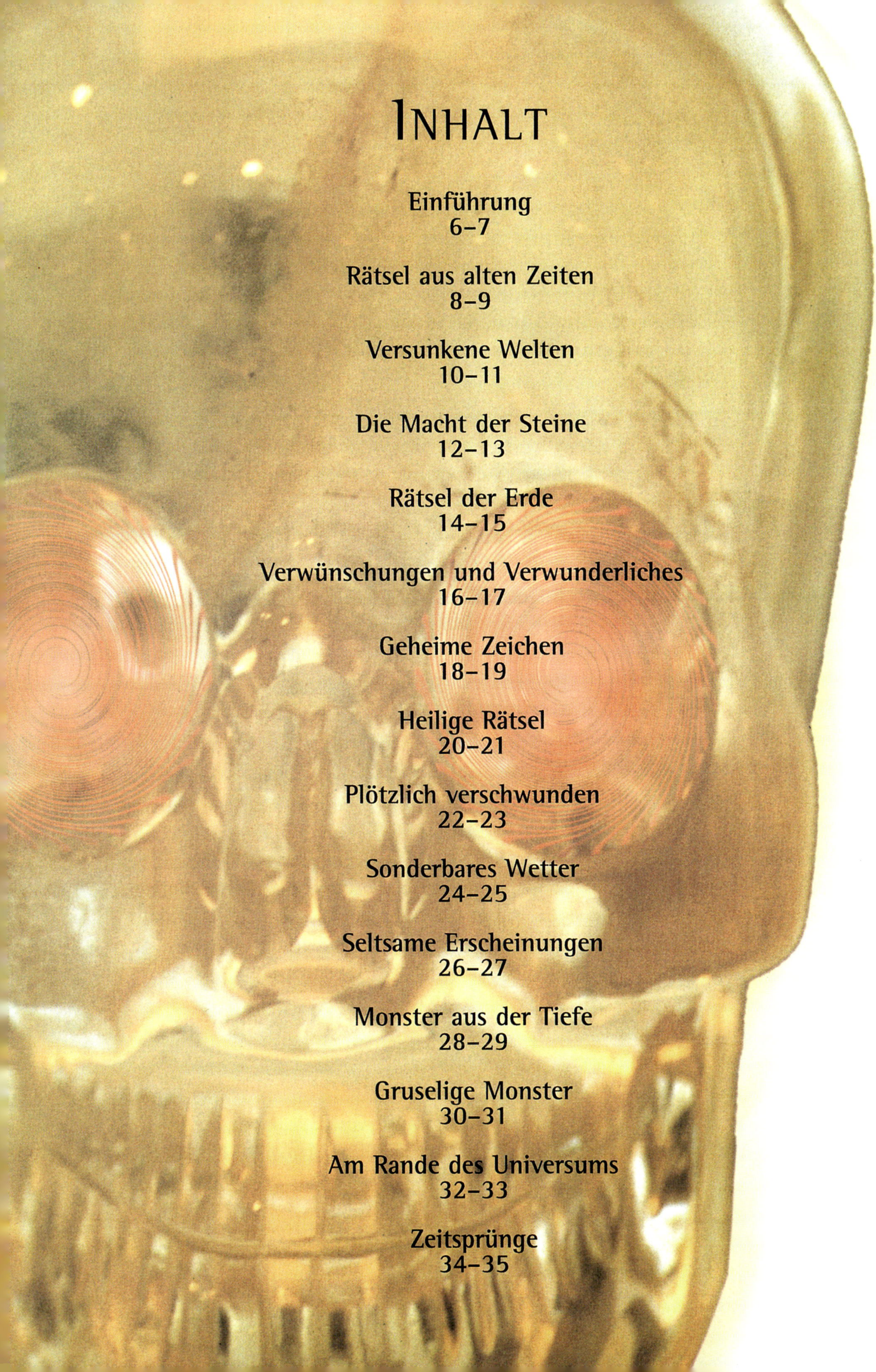

INHALT

Einführung

Die Piri-Reis-Karte zeigt möglicherweise den Südpol, bevor er mit Eis bedeckt war

Ich habe mich schon immer für ungelöste Rätsel interessiert. Schon als Kind begeisterten mich Geschichten, die sich um das Ungeheuer von Loch Ness oder den legendären Fluch der ägyptischen Pharaonen drehten. Ich beneidete die Archäologen, die zu den Orten reisen konnten, wo Städte aus alter Zeit unter der Erde verschüttet lagen: Sie konnten sie freilegen und dabei die Geheimnisse von Menschen erfahren, die vor tausenden von Jahren lebten.

Als ich zehn war, schenkte mir mein Großvater ein Buch über die größten Wunder der Erde. In diesem Buch fanden sich auch Bilder von Stonehenge, der rätselhaften englischen

Bermuda-Riesenkrake: Diese Überreste wurden 1997 gefunden

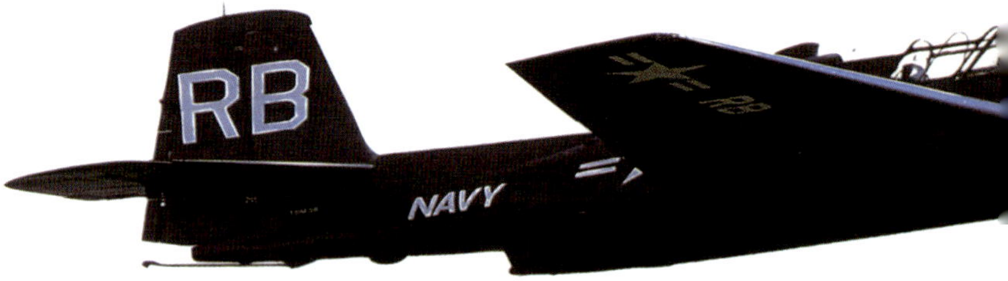

Ein Avenger-Bomber – im Bermudadreieck verschollen . . .

Dutzende von Flugzeugen verschwanden spurlos . . .

Steinkreisanlage. Bis heute vermag niemand mit Sicherheit zu sagen, warum sie gebaut wurde. Und mit Begeisterung verschlang ich das Kapitel über den Yeti, ein merkwürdiges haariges Geschöpf, das angeblich in den Bergen zwischen Indien und Tibet hausen soll. Andere riesenhafte Wesen, die wie der Bermuda-Riesenkrake in den tiefsten Ozeanen lauern, wurden von kaum einem Menschen je gesehen, aber wir haben Fotos von ihnen, die beweisen, dass es sie gibt.

Auch heutzutage stehen Fachleute immer noch verblüfft vor Rätseln wie der Piri-Reis-Karte, die uns Menschen aus früheren Zeiten hinterlassen haben. Wir werden vielleicht nie erfahren, wer diese Schätze hergestellt hat, oder herausfinden, welchem geheimen Zweck sie dienten.

Auch heute noch werden aus aller Welt ständig neue mysteriöse Vorfälle gemeldet – wie z. B. Marienstatuen (links), die Tränen aus Blut weinen. Und das sonderbare Verschwinden von Dutzenden von Flugzeugen im »Bermudadreieck« ist vielleicht ein Beweis für große Sprünge im Raum-Zeit-Gefüge. Tatsächlich wird seit hunderten von Jahren von solchen merkwürdigen Ereignissen berichtet; sie sind möglicherweise die ungewöhnlichsten Rätsel überhaupt.

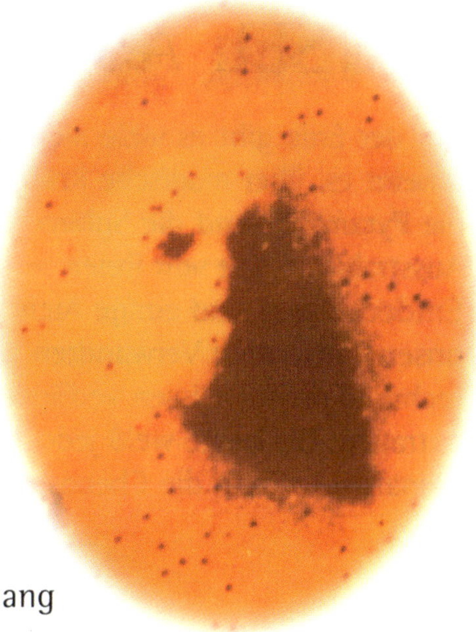

Foto von Gesichtszügen auf dem Mars

Durch die Raumfahrt finden wir langsam mehr über unsere Nachbarplaneten heraus. Vom Mars wurde 1976 ein Foto aufgenommen, das die Konturen eines Gesichtes zeigt – niemand weiß, wie sie zu Stande gekommen sind. Doch der in diesem Zusammenhang zur Zeit bekannteste Gegenstand dürfte wohl ein Meteorit vom Mars sein. Einige Wissenschaftler glauben, dass dieser Gesteinsbrocken darauf hinweist, dass es einst Leben auf dem Mars gab. Wahrscheinlich bekommen wir aber erst Antwort auf diese Frage, wenn irgendwann einmal Menschen dort landen. Doch bis dahin bleiben tausende anderer Rätsel ungelöst . . .

Colin Wilson

Stonehenge ist einer der rätselhaftesten Orte der Erde

Rätsel aus alten Zeiten

Auf der Erde gibt es viele merkwürdige Monumente, die, so scheint es, über magische Kräfte verfügen. Jeder, der in Ägypten die Pyramiden und die Sphinx besichtigt, spürt die geheimnisvolle Ausstrahlung, die von ihnen ausgeht. Auf Grund eindrucksvoller Entdeckungen sind einige Archäologen davon überzeugt, dass unsere entfernten Verwandten über ein weitaus umfangreicheres technologisches Wissen verfügten, als wir ihnen gemeinhin zutrauen. Bis heute weiß jedoch niemand, wie es die Menschen damals schafften, die Cheopspyramide zu errichten.

Haben Außerirdische die Pyramiden erbaut?

Einige wenige Leute glauben, dass die Pyramiden von Wesen von einem anderen Stern errichtet wurden. Möglicherweise gaben in der Antike gottähnliche Geschöpfe ihr Wissen und Können an Menschen weiter, um diesen bei der Errichtung der großen Monumente zu helfen.

Pyramidenförmige Objekte und ein sphinxartiges Gesicht wurden auch auf der Marsoberfläche entdeckt (siehe Seite 9). Manche glauben daher jetzt, dass dieselben Außerirdischen die ägyptischen Monumente erbaut hätten. Interessant ist, dass die Gesichtszüge der Sphinx und die des Mars-Gesichtes tatsächlich einige Ähnlichkeiten aufweisen.

Das Gesicht der Sphinx wurde nach dem eines Pharaos geformt, den es tatsächlich gegeben hat – wahrscheinlich Chephren, der von 2556 bis 2530 v. Chr. herrschte.

Im Altertum sprachen Menschen davon, dass es unter der Sphinx geheime Kammern gäbe – sie sollen jetzt angeblich gefunden worden sein

Das Geheimnis der Sphinx

Das Zeitalter der Sphinx ist eines der großen Rätsel der Welt. Ihre Gesichtszüge verloren sich im Laufe der Zeit immer mehr; einige Archäologen nehmen an, dass sie vor vielen Jahrhunderten durch Wasser beschädigt wurde. Stand die Sphinx einst auf dem Meeresgrund? Die Beschädigungen sind so schwerwiegend, dass sie unmöglich nur durch den Wüstenwind entstanden sein können, der die Sphinx mit feinem Flugsand quasi »sandgestrahlt« hat. Einige Fachleute glauben, dass sie bereits vor 2500 v. Chr. errichtet wurde.

Verschollene Völker

Das Menschheitsgedächtnis ist kurz und schon viele große Zivilisationen sind verschwunden und wurden vergessen. Mit jeder neuen Entdeckung können Archäologen ein klein wenig mehr über Menschen und Orte der Vergangenheit herausfinden. Die verschollene Stadt Mohendscho Daro, die einst am Indus lag, wurde um 1900 v. Chr. durch eine unbekannte Katastrophe zerstört. 1922 hat man sie durch Zufall wieder entdeckt. Faszinierende Statuen, die man ausgrub, erzählen uns etwas über die damalige Lebensweise der Menschen. Gegenstände, die uns von den Etruskern – sie waren einst in Italien ansässig und verschwanden vor mehr als 2 000 Jahren – hinterlassen wurden, geben uns einige Hinweise auf ihr Alltagsleben. Deshalb kennen wir aber noch lange nicht die ganze Geschichte . . .

Etruskisches Gemälde, das man in einem Grab in Italien fand

Speckstein-Figur von einem Priester aus Mohendscho Daro

Die Wahrheit steht in den Sternen . . .

Der Luftschacht von der Grabkammer des Pharaos befindet sich auf dieser Seite der Pyramide

Expressverbindung von den Pyramiden zu den Sternen?

Die drei Pyramiden von Giseh sind Grabstätten, die vom Pharao Cheops, seinem Sohn und seinem Enkel vor ungefähr 4 500 Jahren erbaut wurden. Bis vor kurzem gab die Anordung der Pyramiden große Rätsel auf. Erst dem belgischen Ingenieur Robert Bauval fiel auf, dass sie genau mit der Anordung der drei Gürtelsterne des Orion, dem sogenannten Jakobsstab, übereinstimmt. Der Orion war den Ägyptern heilig und Fachleute glauben, dass der Luftschacht, der in der Cheopspyramide von der Grabkammer des Pharaos abgeht, genau auf den Orion ausgerichtet wurde, damit seine Seele durch ihn hindurch geradewegs zum Orion fliegen und sich dort in einen Gott verwandeln konnte.

Versunkene Welten

Auf der Erde gibt es unzählige verschollene Orte. Die sagenhafte Insel Atlantis soll um 9500 v. Chr. in den Fluten versunken sein; Lemuria ist wohl zu etwa der gleichen Zeit im Indischen Ozean verschwunden. Die Inkastadt Machu Picchu war fast vier Jahrhunderte lang verschollen, ehe man sie 1911 wieder entdeckte. Auch über den Verbleib von Camelot, dem rätselhaften Ort, an dem König Artus Hof hielt, weiß man bisher nichts.

Dieses Gemälde gibt einen Eindruck davon, wie die Paläste von Atlantis ausgesehen haben mögen

Atlantis, das Land auf dem Meeresgrund

Der griechische Philosoph Plato berichtete um 350 v. Chr. als Erster von Atlantis. Nach seinen Erzählungen handelte es sich dabei um ein große Insel im Atlantik, die 9000 Jahre vor seiner Zeit in den Fluten versunken war. Seitdem hat man hunderte von Büchern darüber geschrieben. Die jüngste Theorie besagt, dass es sich bei Atlantis um den heutigen antarktischen Kontinent handelte und dass die Überreste großer Städte nun tief unter dem ewigen Eis begraben lägen.

Machu Picchu, die geheime Stadt

In den peruanischen Anden ließ 1532 der spanische Eroberer Pizarro den letzten Inkaherrscher Atahualpa brutal erdrosseln. Der Herrscher verfluchte vor seinem Tod seine Henker, die daraufhin alle starben. Manco Capac, der Bruder Atahualpas, kämpfte anschließend gegen die Spanier. Doch als er sah, dass sie die Oberhand gewannen, zog er sich in das Geheimversteck Machu Picchu zurück, das auf einem schmalen Bergrücken lag. Seine Feinde schafften es nie, ihn aufzustöbern. Schließlich wurde die Stadt aufgegeben und vergessen. 1911 entdeckte sie der amerikanische Forscher Hiram Bingham wieder; ein südamerikanischer Eingeborener hatte ihn hingeführt.

In Machu Picchu lebten einst 10 000 Menschen

El Dorado, der Vergoldete

Als die spanischen Eroberer 1529 in Venezuela landeten, fiel ihnen als Erstes der Goldschmuck auf, den die südamerikanischen Eingeborenen trugen. Dieses Gold käme, wie man ihnen sagte, von »El Dorado« in den Bergen. Sie nahmen an, dass dies »das vergoldete Land« bedeutete, und viele Entdecker starben anschließend auf der Suche nach diesem sagenhaften Land.

1536 entdeckte man schließlich den Herkunftsort des Goldes. Es handelte sich jedoch nur um ein kleines Dorf in der Nähe des kolumbianischen Guatavita-Sees. Die ansässige Bevölkerung war durch Handel zu Wohlstand gelangt und pflegte bei Königskrönungen den neuen Herrscher mit Kautschuk und Goldstaub zu überziehen. Dann wurde der König auf einem Floß über den See gerudert und man warf als Zeichen der Ehrerbietung Goldschmuck hinter ihm in das Wasser. Anschließend wusch sich der König im Wasser den Goldstaub ab. Offensichtlich bedeutete also »El Dorado« nicht »das vergoldete Land«, sondern »der Vergoldete«.

Der Guatavita-See in Kolumbien

Goldenes Modell von einem Floß, das den neuen König über den See trägt

Camelot und die Tafelrunde

Die Ritter von König Artus versammelten sich um 500 n. Chr. in Camelot zur Tafelrunde. Der sagenumwobene Hof von König Artus war eine große Burg, die auf einem Berg lag. Fachleute glauben, dass es sich dabei um Cadbury Castle handelt, eine alte Bergfestung südlich des westenglischen Glastonbury. Die Namen von benachbarten Orten, z. B. Queen Camel oder West Camel, legen nahe, dass sie Recht haben. Es heißt, dass König Artus in einer Berghöhle schläft, aber eines Tages aufwachen und zurückkehren wird.

König Artus schläft. Doch eines Tages wird er wiederkehren . . .

Diese Nachbildung der runden Tafel, die um 1340 hergestellt wurde, ist heute in Winchester (Großbritannien) zu besichtigen

Die Macht der Steine

Riesige Steinkreise und Megalithe (das sind große Steinblöcke bei Grabanlagen) gibt es auf der ganzen Welt, doch niemand weiß genau, wie und wozu sie errichtet wurden. Wir wissen jedoch, dass die Erde ein einziger großer Magnet ist, dessen Kraftwirkung von der Sonne, dem Mond und den Planeten beeinflusst wird. Und die Erde lebt, genauso wie ein menschlicher Organismus. Eine Theorie besagt, dass die Steine in die Erde gesteckt wurden, um konzentrierte »Erdkräfte« freizusetzen und so Fruchtbarkeit über das Land zu bringen.

Stonehenge – der erste Computer?

Ein Computerspezialist hat kürzlich bewiesen, dass das englische Stonehenge ein großer steinerner Kalender war, dessen Megalithe über Jahrhunderte hinweg anzeigten, wo die Sonne und der Mond auf- und untergehen. Stonehenge war mit anderen Worten also nichts Geringeres als ein absolut raffinierter Computer und die Menschen, die ihn entwickelt haben, waren, wie ein Fachmann meint, richtiggehende »Steinzeit-Einsteins«.

Zeichnung von Stonehenge (Großbritannien)

Die Menhire von Carnac in der Bretagne (Frankreich)

Carnac

Eine der erstaunlichsten Kultstätten der Welt liegt bei Carnac an der bretonischen Südküste. Sie besteht aus elf Reihen aufrecht stehender unbehauener Steine, so genannte Menhire (»Hinkelsteine«). Die einzelnen Reihen sind bis zu 6,5 Kilometer lang und ingesamt sind es über 3 000 Steinsäulen, von denen die ältesten über 7 000 Jahre alt sind. Heute wissen wir zwar, dass sie religiösen und magischen Zwecken dienten, aber niemand kennt die genauen Zusammenhänge.

Kreise aus Stein

Stonehenge wurde einst auch »Tanzplatz der Riesen« genannt und es gibt eine Legende, die besagt, es sei von Riesen erbaut worden. Tatsächlich wissen wir heute, dass die Anlage vor ca. 5 000 Jahren ursprünglich als Tempel errichtet wurde und Priester in ihr Gottesdienste zu Ehren der Erdgöttin feierten, um sie für die Ernte günstig zu stimmen.

Oben waren die senkrechten Steinpfeiler oft durch Querbalken zu so genannten Trilithen (»Dreisteinen«) verbunden

Die senkrechten Steinpfeiler sind zu einem Kreis angeordnet

Insel der Riesen

Über 200 Jahre nach der Entdeckung durch die Niederländer war der Ursprung des Osterinsel-Volkes und seiner riesigen Steinstatuen ein ungelöstes Rätsel. Die Inselbewohner behaupteten, dass die Steinbüsten selbst zu ihren Standorten gelaufen wären. Die Vorfahren der Insulaner waren von weit her mit Booten und Flößen über das Meer auf die Insel gekommen, wo sie ein fruchtbares, waldreiches Land vorfanden. Jahrhundertelang lebten sie in Frieden und Wohlstand und meißelten aus vulkanischem Gestein große Statuen von ihren Göttern. Aber allmählich zerstörten sie ihre Wälder und Rückkehrer schleppten die tödlichen Pocken auf die Insel ein. Heute zeugen von einer einst hoch entwickelten Zivilisation nur noch die Steinstatuen, die über die öde Insel wachen.

Himmlische Einsamkeit – Blick von der Osterinsel

Restaurierte Steinköpfe, sogenannte »Moai«, mit roten Perückensteinen

Die Steine waren zu einem riesigen astronomischen Kalender angeordnet

Wer errichtete die Steinkreise?

Auch heute weiß man noch nicht genau, wie und vor allem von wem die Steinkreise errichtet wurden. Waren es:

- Menschen aus der Vorzeit, die die schweren Steine mithilfe von Maschinen bewegten?
- Geister oder rätselhafte Riesen, die die Steine mit Zauberkräften anhoben?
- Priester, die sie als Kultstätten erbauen ließen?
- Außerirdische, die sie als Landeplätze für ihre Raumfahrzeuge anlegten?

Rätsel der Erde

Auf der Erde gibt es unzählige merkwürdige Kräfte, für die selbst die moderne Wissenschaft keine Erklärung hat. Warum haben Nord- und Südpol vor 30 000 Jahren die Positionen getauscht? Wann wird so etwas wieder passieren? Was ist die Ursache für den Magnetismus der Erde? Was ließ unseren Vorfahren bestimmte Hügel und Berge heilig erscheinen? Die Menschen der Gegenwart haben sicher vieles von dem vergessen, was unsere Vorfahren noch über die Erde wussten.

Flurlinie in der englischen Grafschaft Wiltshi

Flurlinien

In früheren Zeiten glaubten die Menschen, dass es lange, mit Magnetismus im Zusammenhang stehende Kraftlinien gäbe, die quer durch die Landschaft verliefen. Außerdem glaubten sie, dass sich die Kraft dieser Linien an manchen Orten in einer Art Wirbel verdichtete. Solche Orte wurden für heilig erachtet und oft baute man Tempel (und später Kirchen) auf ihnen. Stonehenge steht z. B. auf einer solchen mit rätselhafter Energie ausgestatteten Stelle. Wir nennen diese Kraftlinien heute »Flurlinien«.

Uluru

Uluru bzw. Ayers Rock ist ein riesiger Sandsteinmonolith in Zentralaustralien, der den Aborigines seit hunderten von Jahren heilig ist. Sie glauben, dass ihn Geister in der »Traumzeit« hergestellt haben, d. h. in der Zeit, als die Welt erschaffen wurde. Die Aborigines kennen auch eine Entsprechung zu den »Flurlinien«: Sie heißen bei ihnen »Traumpfade«. Diese Pfade verbinden heilige Orte miteinander, und da sich um jeden Pfad hunderte von Geschichten und Liedern ranken, heißen sie auch »Liedlinien«.

Ein Fels wird geboren

Viele Zeichnungen der Aborigines (oben) erzählen bedeutende Geschichten über die Erde. Eine Legende besagt, dass Uluru einst ein See gewesen war. Nach einer furchtbaren Schlacht hatte sich die Erde jedoch aus Abscheu über das Blutvergießen gehoben und so den großen, blutroten Felsen gebildet.

Ansichten aus der Vogelperspektive

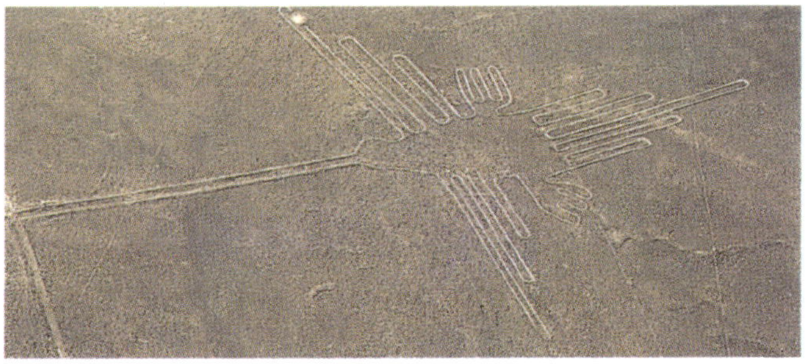

Linien bilden in der Wüste von Nazca (Peru) den Umriss eines Kolibri

Zeichnungen in der Wüste
Diese Linien in der Wüste von Nazca in Peru bilden riesige »Zeichnungen«, die oft Vögel und andere Tiere darstellen; sie wurden im Boden gestaltet, indem man Teile der obenauf liegenden dunklen Steinschicht so entfernte, dass man ein riesiges Bild erhielt. Warme, aufsteigende Luft verhindert in dieser heißen, trockenen Landschaft, dass Wind am Boden wehen kann: Daher haben sich diese Linien seit sehr langer Zeit – möglicherweise seit 2 000 Jahren – erhalten. Bislang begreift niemand so recht, warum und wie sie angelegt wurden.

Die größte Schlange der Welt
Der Schlangenhügel von Ohio ist einer von hunderten von Erdhügeln im Mittelwesten der Vereinigten Staaten. Er hat eine Länge von 366 Metern und wurde wahrscheinlich von amerikanischen Ureinwohnern – möglicherweise dem Adena-Volk – um 600 v. Chr. errichtet. Bei solchen Hügeln handelt es sich vermutlich um religiöse Kultstätten, wo man oft Tote zu beerdigen pflegte. Am obersten Punkt wurden häufig Tempel errichtet und viele der Hügel waren mit Holzwänden eingezäunt.

Uluru . . . der große blutrote Felsen

Außerirdische machen Getreide nieder!

Kornkreise bei Westbury (Grafschaft Wiltshire, England), 1988

Kornkreise wurden erstmals im August 1980 in der westenglischen Grafschaft Wiltshire entdeckt; dort war Hafer auf dem Feld eines Bauern zu drei absolut runden Kreisformen niedergedrückt worden. Seither finden sich Kornkreise auf der ganzen Welt und im Laufe der Jahre sind sie immer komplexer geworden.

Wie sind sie entstanden?
Einige Leute glauben, dass UFOs die Ursache für die Kornkreise sind. Verschiedene Schwindler haben zugegeben für einige der Kreise verantwortlich zu sein, aber wieder andere scheinen auf natürliche Weise entstanden zu sein. Zeugen behaupten, dass sie eine Art Wirbelwind bemerkt hätten, der ein hohes, winselndes Geräusch verursacht und dabei die Kreise erzeugt hätte.

»Wenn das E. T. war, der das bei einem Telefonat mit zu Hause angerichtet hat, so hoffe ich, dass er sich das nächste Mal ein anderes Feld aussucht.«
Ein englischer Bauer, 1990

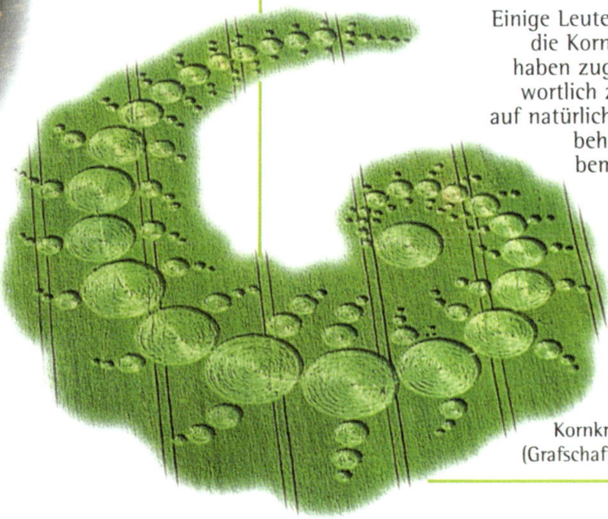

Kornkreise in der Nähe von Stonehenge (Grafschaft Wiltshire, England), 1996

Verwünschungen und Verwunderliches

Man bezeichnet den Menschen manchmal auch als den »Werkzeugmacher unter den Tieren« und die Menschen früherer Zeiten waren tatsächlich schon in vielen Hand- und Kunstfertigkeiten sehr bewandert. Bereits vor hunderttausend Jahren fertigten die affenähnlichen Neandertaler vollkommen runde Scheiben an. Ihr Zweck ist unbekannt, aber man glaubt, dass sie die Sonne und den Mond darstellen sollten. Nur so viel ist sicher: Diese und andere rätselhafte Gegenstände wie Granitkugeln, glühende Steine und aus Holz geschnitzte Tiere dienten irgendeinem magischen Zweck.

Die Sargkammer von Tutenchamun wird von Howard Carter und Lord Carnavon geöffnet (1922)

Der Fluch des Pharaos

Die Sargkammer des ägyptischen Pharaos Tutenchamun wurde im November 1922 von Howard Carter und Lord Carnavon geöffnet. Sie fanden eine Kammer voller Schätze vor, darunter auch eine prächtige goldene Totenmaske. Eine Inschrift in der Grabkammer warnte, dass »der Flügelschlag des Todes alle diejenigen streifen wird, die die Totenruhe des Pharaos stören«. Lord Carnarvon starb kurz darauf – einige Leute meinten, dass er am Fluch des Pharaos gestorben sei.

Ein Geist hält Wache über den toten Pharao . . .

Die wandernden Steine aus dem Tal des Todes (Kalifornien)

Steine aus dem Tal des Todes

Im amerikanischen Tal des Todes finden sich zahlreiche ausgetrocknete Seen, die man »playas« nennt und deren Boden aus weichem Lehm besteht. In diesem hinterlassen riesige Steine, die manchmal mehr als 50 Kilogramm wiegen, oft lange Spuren, die darauf hinweisen, dass sie sich bewegt haben. In einer Studie, die er von 1969 bis 1976 durchführte, kam der Geologe Robert P. Sharp zu folgendem Ergebnis: Starke Winde können im Winter, wenn der Lehm klebrig und glitschig wird, die Steine über weite Strecken bewegen, die dann wie Schlitten über das Eis rutschen.

In Costa Rica gefunden: eine Granitkugel mit ca. 1,5 Meter Durchmesser

Mysteriöse Kugeln

Als die United Fruit Company 1930 Rodungsarbeiten im Urwald des Diquis-Deltas (Costa Rica, Zentralamerika) durchführen ließ, fand man Steinkugeln, die Durchmesser aufwiesen, die von Fußballgröße bis hin zu 2,5 Metern reichten. Es gibt dort im Urwald wahrscheinlich tausende solcher Kugeln und außerdem stammt der Granit, aus dem sie bestehen, nicht aus der Gegend. Niemand weiß, von wem und wie sie hergestellt wurden; wahrscheinlich ist allerdings, dass sie Sterne und Planeten darstellen sollten.

Die Booya-Steine glühen auf Grund einer geheimen inneren Kraft

Röntgensteine

Auf den Murray-Inseln, die nördlich von Australien liegen, bewahren Priester drei heilige Steine auf, die unter dem Namen »Booya-Steine« bekannt sind und ein intensiv blau glühendes Licht ausstrahlen. Der australische Schriftsteller Ion Idriess behauptete, dass dieses Licht – gebündelt und auf Menschen gerichtet – wie Röntgenstrahlen wirken würde, die unweigerlich zum Tode führten. Als Europäer auf den Murray-Inseln landeten, versteckten die Priester die Steine und niemand weiß, wo sie heute aufbewahrt werden.

Kröte im Stein

Kröten, die dem Tod trotzen

Im Booth-Museum im englischen Brighton gibt es etwas sehr Merkwürdiges zu sehen: eine vertrocknete Kröte, eingekapselt in einem eiförmigen Feuerstein. Und 1865 fanden Arbeiter im englischen Hartlepool eine lebendige Kröte in einem Magnesium-Kalkstein, der sich in 7,5 Meter Tiefe befand. Wie ist das möglich? Kröten besitzen die erstaunliche Fähigkeit, im ausgetrockneten Schlamm eines Teiches zu überleben; man weiß sogar von einigen Exemplaren, die so tatsächlich zwölf Jahre ausgeharrt haben.

In Stein eingeschlossene Kröte, um 1901 entdeckt, heute im Booth-Museum im englischen Brighton zu besichtigen

Geheime Zeichen

In den letzten zwanzig Jahren mussten Archäologen den Zeitpunkt für die Anfänge menschlicher Zivilisation immer weiter in die Vergangenheit zurückverlegen. Entdeckungen wie die Piri-Reis-Karte oder die Maschine von Antikythera deuten darauf hin, dass unsere Vorfahren mehr über die Welt wussten bzw. von Technik verstanden, als es ihnen Historiker in ihren kühnsten Vorstellungen je zutrauten.

Schädel des Verderbens

Wenn man den Aussagen des Abenteurers Mike Mitchell-Hedges Glauben schenken mag, fand seine Tochter Anna 1927 in einem Maya-Tempel in Zentralamerika den rechts abgebildeten kristallenen Schädel. Mitchell-Hedges behauptete, dass dieser 3 600 Jahre alt sei und die Macht hätte Menschen auf einen Schlag zu töten. Einige Leute glauben allerdings, dass er den Kopf 1944 in London gekauft hat; doch der lebensgroße Schädel scheint tatsächlich »gespenstische« Eigenschaften zu besitzen. Der kalifornische Wissenschaftler Frank Dorland untersuchte ihn bei sich zu Hause: Gegenstände bewegten sich und die ganze Nacht lang waren seltsame Geräusche zu hören.

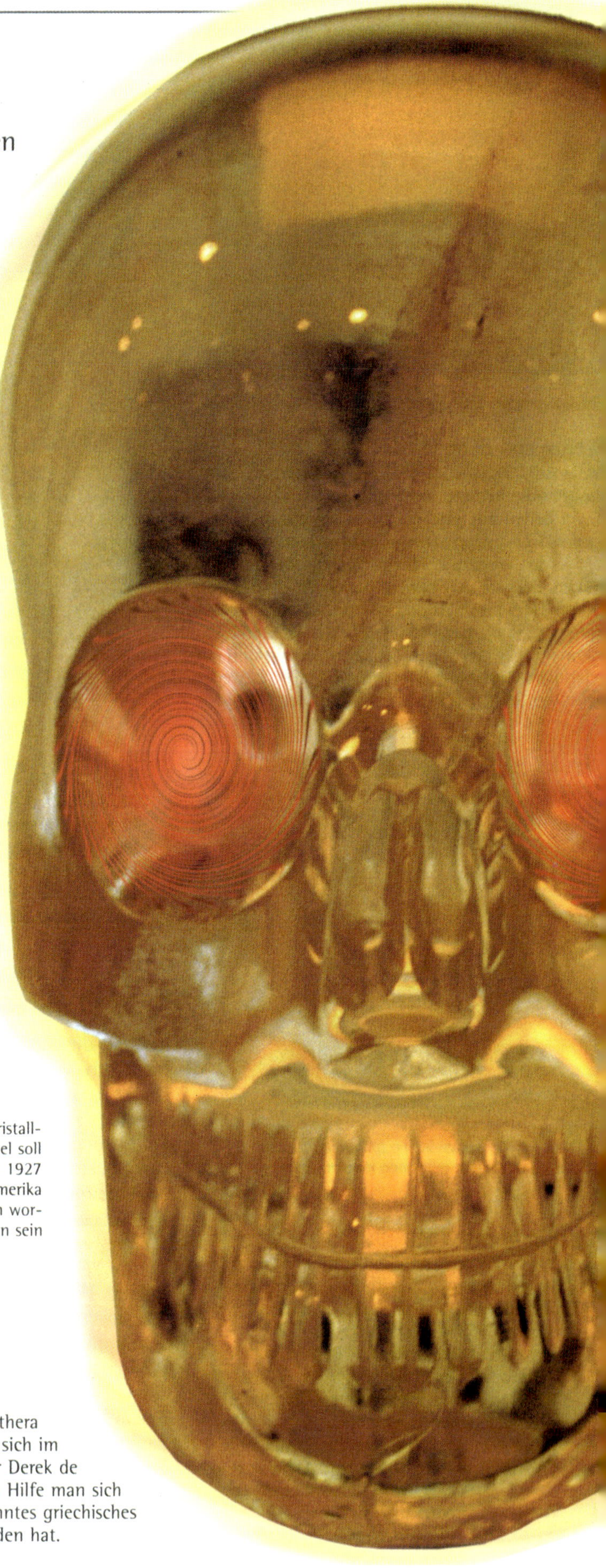

Dieser Kristallschädel soll angeblich 1927 in Zentralamerika gefunden worden sein

Antiker Computer, 1900 in Griechenland gefunden

Verkrusteter Computer

Um 1900 entdeckte ein Taucher in der Nähe der griechischen Insel Antikythera ein stark abgenutztes wissenschaftliches Gerät mit Zahnrädern. Es befand sich im Wrack eines Schiffes, das um 65 v. Chr. gesunken war. 1959 gab Professor Derek de Solla Price bekannt, dass es sich um einen Computer handelte, mit dessen Hilfe man sich auf dem Meer orientieren kann. Es ist kaum zu glauben, dass ein unbekanntes griechisches Genie schon vor über 2 000 Jahren eine solche komplexe Maschine erfunden hat.

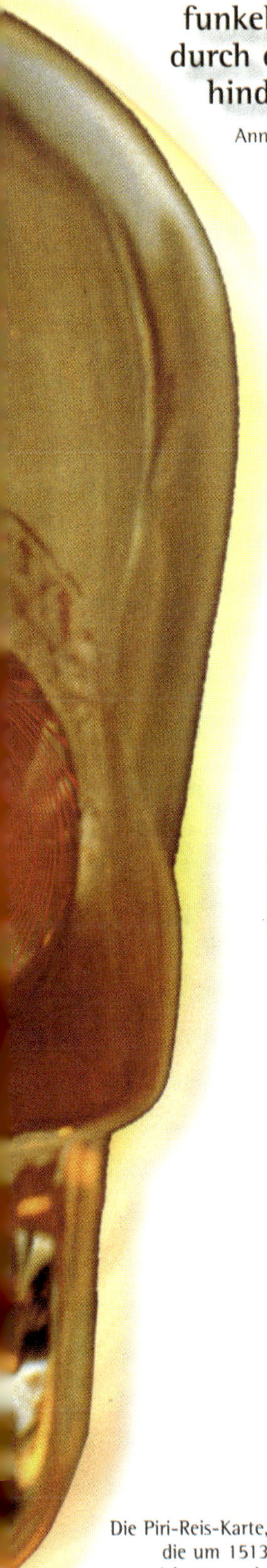

»... Plötzlich funkelte etwas durch die Steine hindurch.«

Anna Mitchell-Hedges

Wundersame Worte

Rongo-rongo, die Sprache der Osterinsel

Wir wüssten viel mehr über die Osterinsel und die Herkunft ihrer Bewohner, wenn wir ihre Sprache, Rongo-rongo, verstehen könnten, die in Holztafeln geschnitzt wurde. Doch leider wird sie für immer ein Geheimnis bleiben. 1862 verschleppte ein peruanisches Sklavenschiff die meisten Insulaner und brachte sie nach Peru, wo sie in Minen arbeiten mussten. Die meisten von ihnen starben und die wenigen, die man schließlich freiließ, schleppten die tödlichen Pocken ein, die den meisten der noch lebenden Inselbewohner zum Verhängnis wurden. Heute lebt niemand mehr, der Rongo-rongo spricht.

Diese Tontafel wurde in den Ruinen eines antiken Palastes gefunden, der einst in Phaistos auf der Insel Kreta stand. Sie hat eine fast runde Form, einen Durchmesser von 16,5 Zentimeter, ist rot und auf beiden Seiten mit rätselhaften Zeichen bedeckt. Bislang hat es niemand geschafft, den Sinn dieser Zeichen zu entschlüsseln; der englische Archäologe Sir Arthur Evans vermutete allerdings, dass es sich um ein Gedicht über eine bedeutende Schlacht handelt.

Der Diskos von Phaistos, der 1908 auf Kreta gefunden wurde

Die Piri-Reis-Karte, die um 1513 gezeichnet wurde

Zauberkarte

Piri Reis war ein türkischer Admiral, aber auch ein Pirat, der 1554 geköpft wurde. 1929 entdeckte man in Istanbul eine Karte, die er gezeichnet hat. Sie zeigt nicht nur die Küste Südamerikas, sondern auch den Südpol, noch bevor dieser – vor möglicherweise 8 000 Jahren – mit Eis bedeckt war. Es wurde vermutet, dass die Karte von »Besuchern aus dem All« angefertigt wurde, die lange vor dem Menschen auf die Erde kamen. Ganz sicher beweist die Karte aber: Es gab schon damals große Seefahrer, die die Geschichte lange vergessen hat.

Ein bemerkenswertes Buch

Wilfred Voynich kaufte dieses Buch 1912. Es hat 204 Seiten mit Bildern von Blumen und Zeichnungen von Sternbildern und ist in einer Geheimschrift verfasst. Ein Brief, den man zusammen mit dem Buch in einem Kloster in Italien fand, wurde auf 1666 datiert. Bisher sind alle Versuche gescheitert, die Geheimschrift zu entschlüsseln.

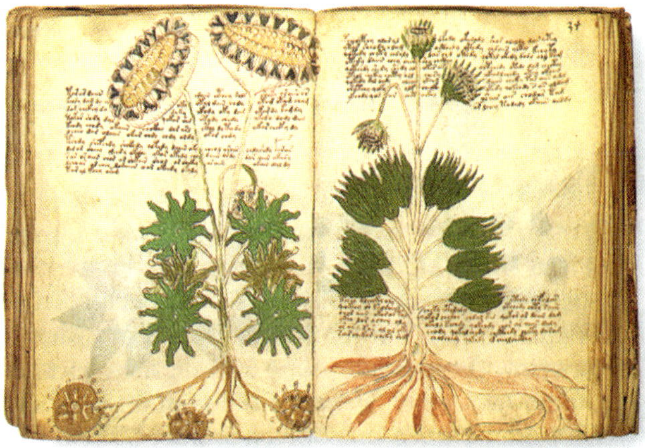

Die Voynich-Handschrift wird an der amerikanischen Yale University aufbewahrt

HEILIGE RÄTSEL

Anders als so manche antike Karten oder Rechenmaschinen scheinen einige rätselhafte Gegenstände keinen praktischen Nutzen zu haben. Die seltsamen Eigenschaften des Turiner Grabtuches stellen Fachleute seit hunderten von Jahren vor große Rätsel. Und obwohl sich einige weinende Statuen und Gemälde als Fälschungen herausstellen, gibt es davon viel zu viele, als dass diese Erklärung immer passen könnte. Bei einigen Rätseln dürfte es sich sehr wohl um Wunder handeln.

Jesus Christus weint in Bethlehem

Am 28. November 1996 schien in der Bethlehemer Kirche der Geburt Christi plötzlich ein Jesusbild echte Tränen zu vergießen. Viele Christen glauben, dass er die Sündhaftigkeit unserer Zeit beweinte.

»Ich sehe, wie er seine Augen öffnet und schließt. Es gibt meines Erachtens keinen Zweifel daran, dass es sich hier um ein Wunder handelt.«
Pater Anastasios, Priester in Bethlehem

Der weinende Jesus von Bethlehem, 1996

Gläubige füttern eine Ganescha-Statue (Südlondon, England), 1995

Milchiges Wunder

Am 21. September 1995 begann im indischen Neu-Delhi eine Statue des elefantenköpfigen Hindugottes Ganescha plötzlich die Milch zu trinken, die ihr von Gläubigen gereicht wurde. Bald wurde auf der ganzen Welt das gleiche »Wunder« gemeldet. Am darauf folgenden Tag hörte es so plötzlich auf, wie es begonnen hatte.

»Wir hielten einen Löffel voll Milch an ihre Lippen . . . und die Milch war binnen Sekunden verschwunden.«
Roshan Lal Bhanbari vom Vischwa-Tempel im englischen Southall

TRÄNEN AUS BLUT

Im sizilianischen Syrakus fing 1953 eine Gipsbüste der Jungfrau Maria plötzlich zu weinen an. Wissenschaftliche Untersuchungen ergaben, dass es sich um echte Tränen handelte. Wieder andere Statuen haben Tränen aus Menschenblut geweint. Diese Erscheinung könnte man leicht vortäuschen, indem man einen kleinen Hohlraum im Kopf der Statue mit Blut oder Tränen präparieren würde; bislang konnte man allerdings noch keinen derartigen Schwindel nachweisen.

Eine Statue der Jungfrau Maria weinte im September 1982 Tränen aus Blut

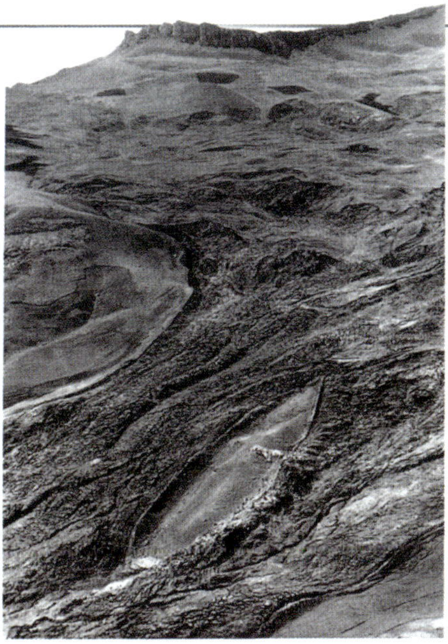

Versteinerte Schiffsbalken am Berg Ararat, Türkei

Ist das die Arche Noah?

Es gibt viele geschichtliche Beweise für große Sintfluten ähnlich derjenigen, die in der Bibel beschrieben ist. Der Bibel zufolge landete die Arche Noah auf dem Berg Ararat in der Türkei. 1984 entdeckte eine amerikanisch-türkische Expedition an einem Hang des Ararat die Umrisse eines Schiffes.

Übernatürliche Kräfte

Die Bundeslade (oben) war ein geheiligter Schrein, ohne den die alten Hebräer in keine Schlacht zogen. Sie verschwand Jahrhunderte vor der Geburt Jesu Christi. Viele Christen glauben, dass dieser »verschollene Schrein« heute in einer Kapelle im äthiopischen Aksum aufbewahrt wird. Er soll Krankheit und sogar Tod verursachen können.

Skurriler Schwindel

Das Turiner Grabtuch ist seit 1353 bekannt; auf dem Stück Stoff ist in matten braunen Zügen das Gesicht eines Mannes zu sehen. 1898 machte ein Fotograf überraschend die Entdeckung, dass es sich um ein »Negativbild« handelt; er kehrte es um und erhielt plötzlich ein richtiges (positives) Foto. Waren das die Körperkonturen von Jesus Christus, der diese auf wundersame Weise in dem Tuch hinterlassen hatte? Leider nein. Kürzlich erfolgte Tests ergaben, dass sie mit Farbe auf das Tuch aufgemalt wurden.

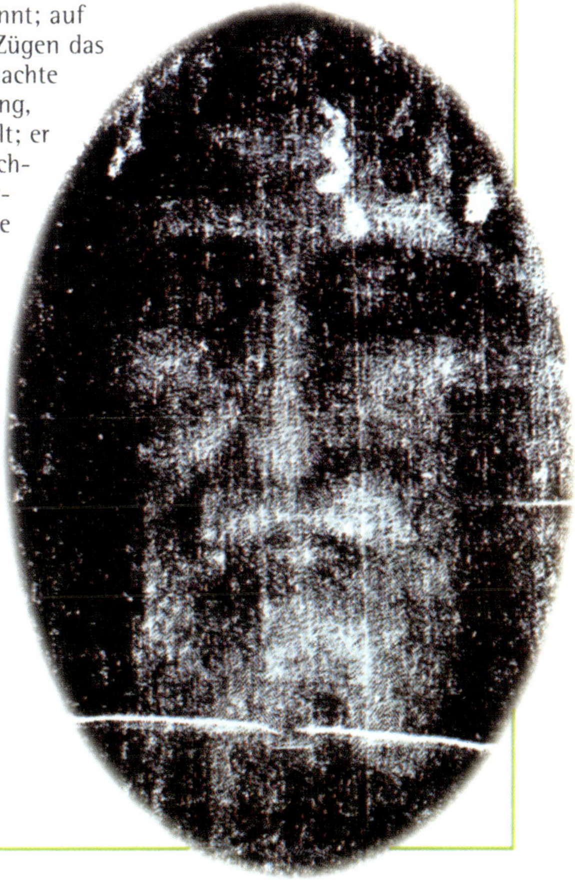

Auf diesem Bild glaubte man einst das Gesicht Jesu Christi zu erkennen

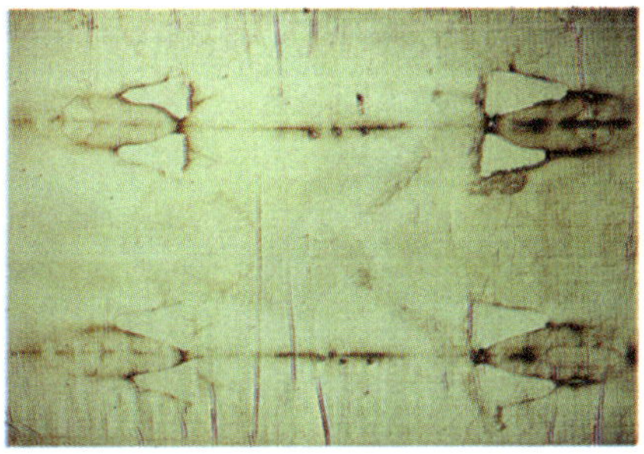

Gesamtansicht des Turiner Grabtuchs

Plötzlich verschwunden

Schiffe, die verschwinden, Flugzeuge, die verschwinden, Menschen, die verschwinden – das sind wohl von allen Rätseln die beunruhigendsten. Natürlich gibt es für viele von ihnen absolut einfache Erklärungen: Schiffe gehen in Stürmen unter und Flugzeuge stürzen wegen technischer Defekte ab. Aber dann bleiben immer noch viele ungeklärte Fälle, die uns erstaunen und Rätsel aufgeben.

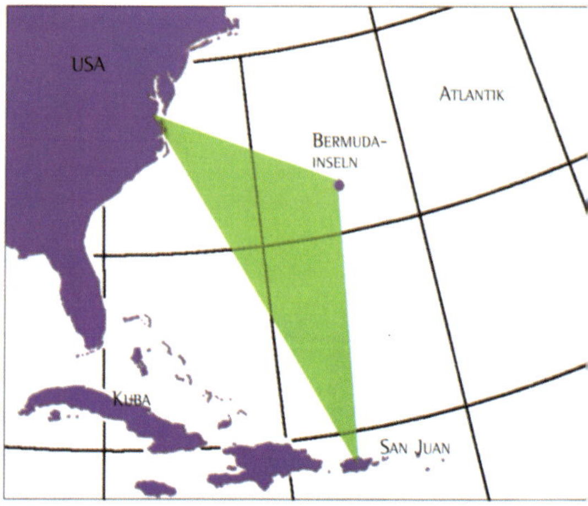

Karte vom Bermudadreieck

Verschollene Schiffe
Das Meer in der Nähe der Bermudainseln war schon häufig Schauplatz des rätselhaften Verschwindens von Schiffen; zwischen 1950 und 1984 waren es allein neun Fälle. Die Marine Sulphur Queen (oben) verschwand am 2. Februar 1963 auf einer Reise von Texas nach Virginia, ohne auch nur einen Hinweis auf ihren Verbleib zu hinterlassen. 39 Menschen kamen dabei ums Leben.

Das Bermudadreieck

Am 5. Dezember 1945 starteten fünf Avenger-Bomber in Fort Lauderdale (Florida, USA) zu einem Routineflug. Ein paar Stunden später funkte der Geschwaderführer SOS und ein Martin-Mariner-Flugboot machte sich auf die Suche nach ihnen. Keines der Flugzeuge kehrte jemals zurück. Im Laufe der folgenden 30 Jahre verschwanden 15 weitere Flugzeuge in einem dreieckigen Gebiet in der Nähe der Bermudainseln. Man nimmt an, dass eine Art magnetischer Wirbel oder Strudel die Navigationsinstrumente von Flugzeugen ablenkt, sodass sie schließlich abstürzen müssen. Nicht ein Besatzungsmitglied ist je wieder aufgetaucht.

Flug 19: Fünf Avenger-Bomber verschwanden 1945 im Bermudadreieck

Aus der Sicht eines Künstlers: Mitglieder der Besatzung der Dei Gratia rudern zur Mary Celeste

Die Mary Celeste

Am 5. Dezember 1872 entdeckte die Dei Gratia die Mary Celeste, die führungslos im Nordatlantik trieb. Als man an Bord ging, stellte man fest, dass sie vollkommen verlassen war. Das Rettungsboot fehlte und offensichtlich hatte man das Schiff in großer Eile aufgegeben. Drei Fässer des Methylalkohols, den sie als Fracht geladen hatte, waren aufgeplatzt. Offensichtlich hatte der Kapitän die Besatzung in das Rettungsboot befohlen, weil er befürchtete, dass der Alkohol explodieren könnte. Es wurden niemals Leichen gefunden.

Der Eilean-More-Leuchtturm in Schottland

Leuchtturm der verlorenen Seelen

Als man am 26. Dezember 1900 bemerkte, dass der Eilean-More-Leuchtturm (Schottland) kein Leuchtfeuer mehr aussandte, schickte man ein Schiff los, um die Angelegenheit zu untersuchen. Man stellte fest, dass die drei Leuchtturmwärter verschwunden waren und ihr letzter Eintrag in das Logbuch vom 15. Dezember stammte, an dem schönes Wetter gewesen war. Vielleicht hat man das Rätsel 1947 gelöst: Ein Journalist, der den Leuchtturm besichtigte, sah, wie sich das Meer unvermittelt und ohne ersichtlichen Grund 20 Meter hoch auftürmte. Möglichweise hatte also 1900 eine Monsterwelle die Leuchtturmwärter ins Meer gerissen.

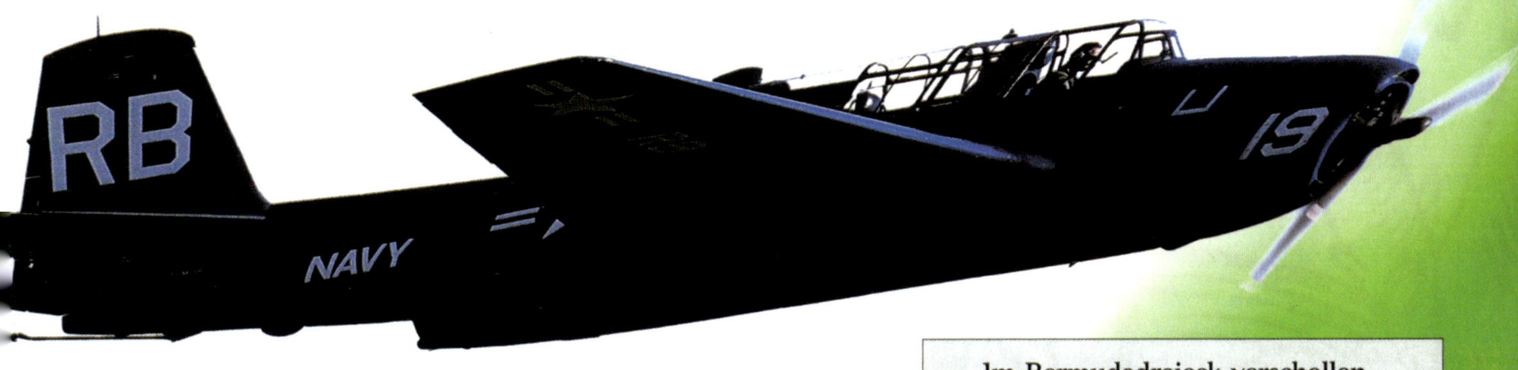

Fliegen diese Flugzeuge in einen Durchgang zu einer anderen Welt?

Im Bermudadreieck verschollen

1880 – die Atlanta, ein britisches Schiff, verschwindet mit 290 Passagieren an Bord.

30. Oktober 1954 – eine Lockheed Super Constellation der Marine verschwindet mit 42 Passagieren an Bord.

11. Januar 1967 – ein Frachtflugzeug verschwindet mit vier Passagieren an Bord.

3. Juni 1984 – das 27 Meter lange Schiff Marques verschwindet mit 18 Passagieren an Bord.

Und es gibt noch zahlreiche weitere Fälle . . .

SONDERBARES WETTER

Wasserhosen, die Schiffe versenken können, und riesige Hagelkörner, die Dächer zu durchschlagen vermögen – das sind nur zwei Beispiele für die fürchterlichen Kräfte des Wetters. Unsere Vorfahren glaubten, dass Unwetter von verärgerten Göttern ausgelöst würden. Auch heute haben wir diese ungeheuren Naturgewalten noch nicht unter Kontrolle.

Dieses riesige Hagelkorn fiel 1970 im US-Bundesstaat Kansas

Riesige Hagelkörner

In Regenwolken kann Wasser selbst bei Temperaturen unter dem Gefrierpunkt noch flüssig bleiben. Sobald e aber auch mit nur einem Staubkorn in Berührung kommt, erstarrt es plötzlich zu Eis. Die einzelnen Eisstücke können dann in der Wolke umherwirbeln und sich zu Gebilden zusammenballen, die größer als ein Tennisball sind. Schließlich werden sie so schwer, dass sie zu Boden fallen – und dabei manchmal Fensterscheiben durchschlagen und Menschen verletzen. Das oben abgebildete Hagelkorn hatte einen Durchmesser von 15 Zentimetern und wog 765 Gramm.

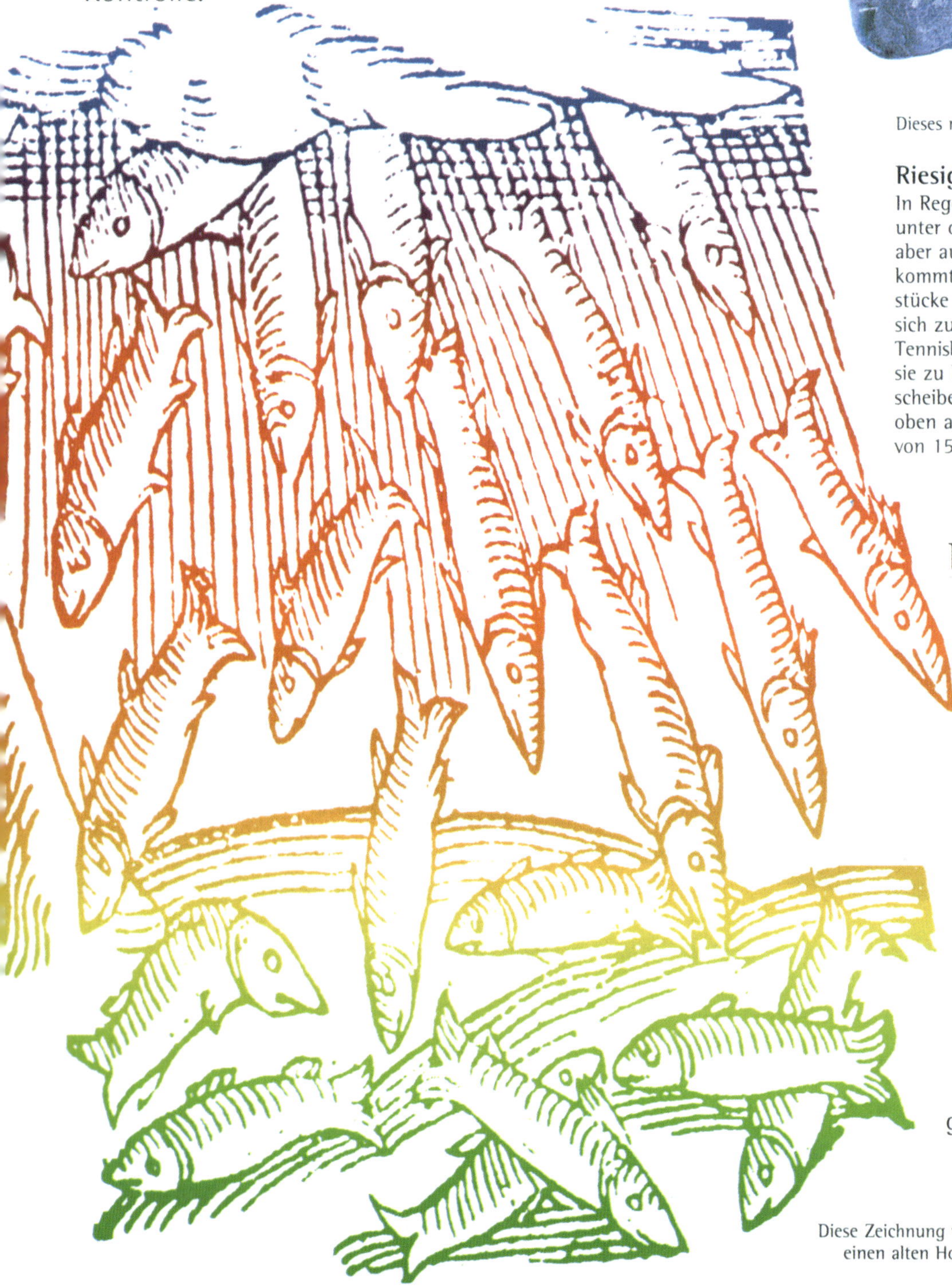

ES REGNET FISCHE!

Seit Jahrhunderten gibt es Berichte über Regenfälle aus lebendigen Fischen, Fröschen, Kröten, Eidechser Würmern und anderen Tieren. Stark Winde oder vielleicht auch Wirbelwinde reißen möglicherweise Gegenstände in die Höhe, halten sie oben und lassen sie schließlich wieder auf die Erde fallen. Regen, Hagel, Schnee und eben auch Fische fallen früher oder später wieder zu Boden, denn es gilt: Alles, was emporsteigt, muss auch wieder herunterkommen. 1989 regnete es während eines heftigen Sturms Sardinen auf das australische Ipswich. Niemand kann vorhersagen, wo das nächste Mal so ein merkwürdiger Fischregen niedergehen wird . . .

Diese Zeichnung von einem Fischregen hatte einen alten Holzschnitt zur Grundlage

ieses Foto zeigt die Themse in London (nach 1890)

Mini-Eiszeiten

Seit Beginn des 20. Jahrhunderts war das nordeuropäische Klima zwar immer recht mild, nicht allzu lange davor gab es jedoch ein paar »kleine Eiszeiten«. Zwischen 1550 und 1800 waren die Winter in England oft so streng, dass man auf der Themse in London zur allgemeinen Erbauung »Eisjahrmärkte« abhielt. Noch im letzten Jahrzehnt des 19. Jahrhunderts war es manchmal so kalt, dass die Themse teilweise zufror (siehe Foto links).

Drachen, die ganz wild auf Wasser sind?

Warme Luft steigt nach oben; manchmal tut sie das so schnell, dass sie herumwirbelt und zu einer Windhose wird. Wenn in ähnlicher Weise Wasserdampf über dem Meer nach oben gesogen wird, bildet ‹ch eine Wasserhose. Gelegentlich beobachtet man gleichzeitig beeindruckende Blitze. Seeleute fürchten sich vor Wasserhosen; im alten China glaubte man, dass Drachen Wasserhosen über dem Meer und Wirbelstürme über dem Land verursachten.

Wasserhose und Blitz über dem US-Bundesstaat Florida, 1992

Farbiger Stich von einem Kugelblitz aus dem Jahr 1866

Phantastische Lichtkugeln

»Kugelblitze« können bei heftigen Gewittern auftreten. Es handelt sich um Kugeln, die glühend rot, gelb oder weiß leuchten, wie Ballone dahinschweben und sogar Mauern durchdringen können. Im Paris kam im Juli 1852 ein Kugelblitz von der Größe eines Menschenkopfes durch einen Kamin herab, schwebte durch den Raum, stieg im Kamin wieder nach oben und explodierte dort schließlich, wobei großer Schaden entstand. Man glaubt, dass die Kugeln aus Plasma bestehen: Das ist eine Art Gas, das sehr stark aufgeladen ist. Bemerkenswert ist, dass ein Kugelblitz keine Wärme abstrahlt.

Himmlische UFOs?

Sonnenstrahlen werden oft durch dünne Wolken so gebrochen, dass farbige Ringe entstehen. Den rechts abgebildeten Strahlenkranz um die Sonne herum nennt man »Korona«, was so viel wie »Krone« bedeutet. Ähnliche Erscheinungen gibt es auch oft beim Mond. Gelegentlich wurden diese Strahlenkränze um Sonne und Mond fälschlicherweise für UFOs gehalten.

Korona über Finnland, 1992

Seltsame Erscheinungen

Naturwunder erinnern uns immer wieder daran, wie wenig wir eigentlich über unseren Planeten wissen. Verrückte Erscheinungen wie die Erdlichter und der Komet Hale-Bopp geben Anlass zu allerlei Spekulation. Wissenschaftler auf der ganzen Welt untersuchen diese Wunder in der Hoffnung, ihnen eines Tages ihre Geheimnisse entlocken zu können. So fangen wir z. B. gerade an das Ausmaß der Naturkatastrophe zu erfassen, die zum Aussterben der Mammuts und Säbelzahntiger geführt hat.

Eiszeitliche Todesfalle

In La Brea bei Los Angeles gibt es einen Asphaltsee. Er besteht aus einer teerartigen schwarzen, klebrigen Substanz, die aus ölhaltigen Gesteinsschichten an die Erdoberfläche dringt. Die Knochen tausender vorzeitlicher Tiere, die es dort in den sicheren Tod hinuntergezogen hat, spuckte dieser kleb rige Höllenschlund seither aus, darunter Knochen von Mastodonten, Mammuts, Säbelzahntigern, Riesenfaultieren und Riesenkamelen. Viele dieser Tiere lebten vor 40 000 Jahren während der letzten Eiszeit, als eine gewaltige Naturkatastrophe den ganzen amerikani schen Kontinent erschütterte und Dutzende von Tier- und Pflan zenarten zum Aussterben brachte.

Modell eines mächtigen Mastodons, das in der Nähe der amerikanischen Stadt La Brea im Teer feststeckt

Zeichnung vom Tod der Dinosaurier

Der Tod der Dinosaurier

Die Dinosaurier verschwanden vor ca. 65 Millionen Jahren von der Erde. Heute nehmen Wissenschaftler an, dass damals ein riesiger Asteroid mit einem Durchmesser von 20 Kilometern in der Nähe der mexikanischen Halbinsel Yukatan auf die Erde stürzte. Er prallte mit einer Geschwindigkeit von mehreren tausend Stundenkilometern auf die Erdoberfläche und schleuderte dabei Milliarden Tonnen Staub und Wasserdampf in die Atmosphäre. Dadurch konnte das Sonnenlicht nicht mehr zum Boden gelangen und es wurde Winter; er dauerte 5 000 Jahre und brachte die meisten Pflanzen und Tiere zum Aussterben.

Nordlicht über Finnland

Helle Funken

Das Nordlicht erhellt das Firmament im hohen Norden auf spektakuläre Weise: Die Formationen, die man beobachtet, haben Namen wie »Vorhänge«, »Strahlen« und »Kronen«. Früher glaubte man, dass das Nordlicht ein Unheil ankündigen würde. Heute weiß man, dass das Polarlicht durch von der Sonne abgestrahlte geladene Teilchen verursacht wird; sie werden von den Polregionen angezogen, prallen dort auf Atome der Erdatmosphäre und regen diese zum Leuchten an. Am Südpol ist diese Erscheinung als Südlicht bekannt.

Das Gesicht von Jesus Christus in den Wolken über Korea (1950)

Gesicht in den Wolken

Bei Gewittern können Wolken verrückte Formen annehmen: Bögen, Pfannkuchen, Ballone, Zigarren, Kugeln und sogar fliegende Untertassen. Während des Koreakrieges (1950–53) waren Piloten wie vom Donner gerührt, als sie in den Wolken über Korea ein Abbild von Jesus Christus erblickten.

Kugeln aus Feuer und Eis

Außerirdische tarnen sich mit Hale-Bopp!

Der Komet Hale-Bopp (oben) erschien im März 1997 am Firmament. Er war so hell, dass man ihn auch ohne Fernrohr mit bloßem Auge erkennen konnte. Wie alle Kometen ist auch er eine einzige riesige Kugel aus Eis. Viele Leute behaupteten, dass sie einen leuchtenden Körper, der wie der Planet Saturn von einem Ring umgeben sei, in der Nähe von Hale-Bopp gesehen hätten. Sie glaubten, dass es sich dabei um ein Raumschiff handelte, das zur Erde unterwegs wäre; die Außerirdischen an Bord würden den Kometen dazu benutzen, ihre Erforschung der Erde und des Menschen zu tarnen.

Gespenstische Erdlichter

In Erdbeben-Gebieten kann man oft feurige Kugeln, sogenannte Erdlichter, beobachten. Die meisten Wissenschaftler glauben, dass sie entstehen, wenn die Gesteinsschichten der Erdkruste unter Spannung stehen. Sie ziehen manchmal über das Firmament und sind vielleicht die Erklärung für einige UFO-Sichtungen.

»Sie schienen groß und rund zu sein und einige davon leuchteten recht hell.«
Jim Howard aus Texas

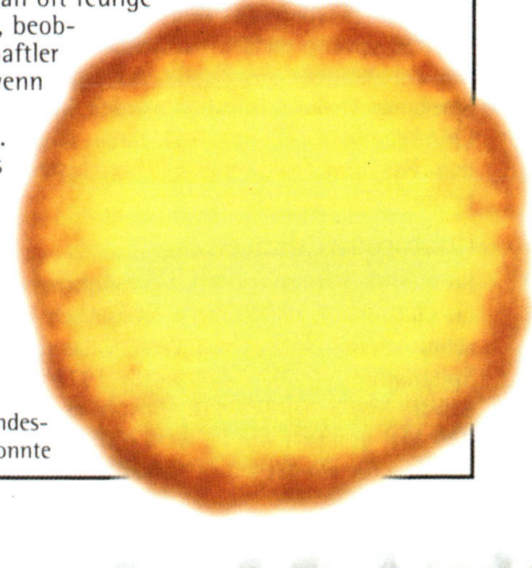

Ein Erdlicht, das man im US-Bundesstaat New Jersey fotografieren konnte

Monster aus der Tiefe

Die meisten Menschen glauben, dass die Dinosaurier vor Millionen von Jahren von der Erde verschwunden sind. Heute erscheint es jedoch als möglich, dass einige von ihnen überlebt haben. Das berühmte Ungeheuer von Loch Ness ist möglicherweise ein noch lebendes, dinosaurierartiges Reptil namens Plesiosaurus. Und es gibt viele Hinweise darauf, dass in der Tiefsee Riesenkraken lauern. Dutzende unbekannter Monster leben vielleicht noch in abgelegenen Seen und den unerforschten Tiefen der Ozeane.

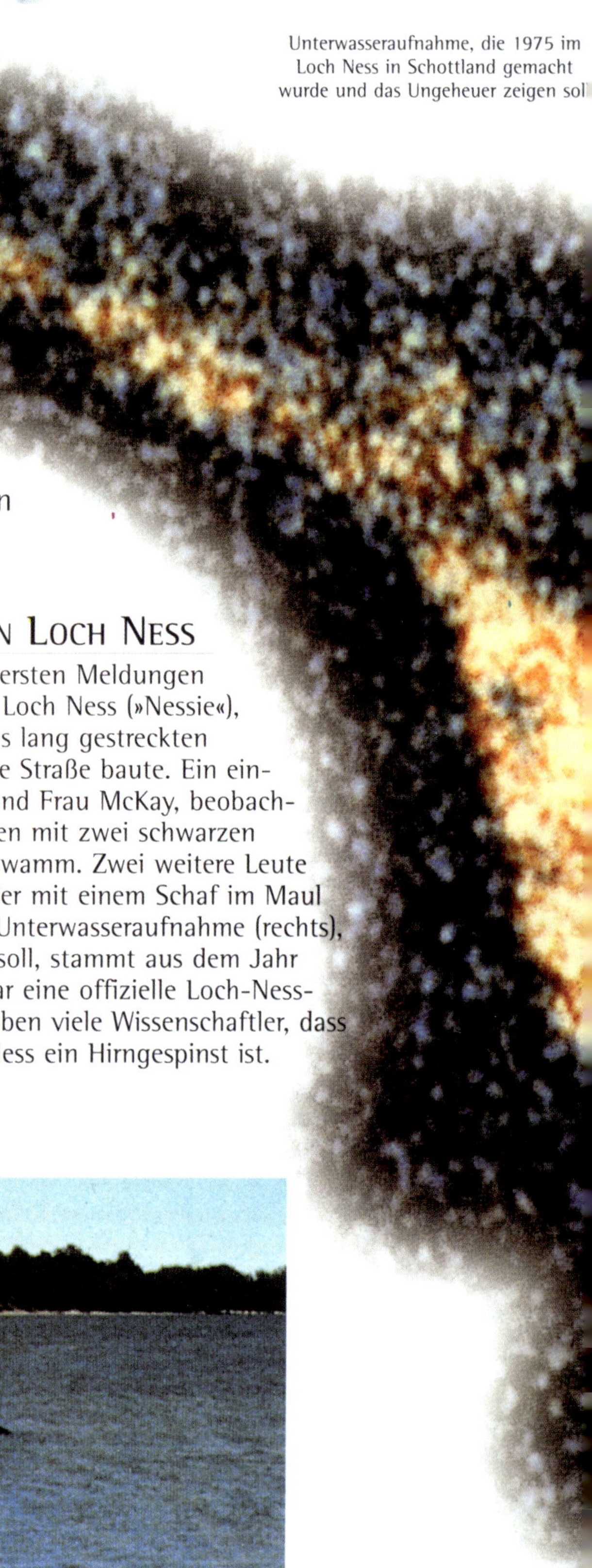

Unterwasseraufnahme, die 1975 im Loch Ness in Schottland gemacht wurde und das Ungeheuer zeigen soll

Das Foto des Chirurgen aus dem Jahr 1934

Das Ungeheuer von Loch Ness

Im April 1933 gab es die ersten Meldungen über das Ungeheuer von Loch Ness (»Nessie«), als man am Nordufer dieses lang gestreckten schottischen Sees eine neue Straße baute. Ein einheimisches Ehepaar, Herr und Frau McKay, beobachteten, wie ein riesiges Wesen mit zwei schwarzen Buckeln durch den See schwamm. Zwei weitere Leute sahen, wie ein seltsames Tier mit einem Schaf im Maul über die Straße lief. Diese Unterwasseraufnahme (rechts), die das Ungeheuer zeigen soll, stammt aus dem Jahr 1975. Obwohl es jetzt sogar eine offizielle Loch-Ness-Ermittlungsstelle gibt, glauben viele Wissenschaftler, dass das Ungeheuer von Loch Ness ein Hirngespinst ist.

Das Foto des Chirurgen

Die berühmteste aller Aufnahmen vom Ungeheuer von Loch Ness wurde 1934 gemacht. 50 Jahre später wurde das »Foto des Chirurgen« zu einer Fälschung erklärt. Tatsächlich abgebildet war ein »Kragen« aus Plastik, der an einem Spielzeug-U-Boot befestigt worden war. Der Chirurg, Robert Wilson, sagte dazu, dass er mit dem Foto nur einen »kleinen, harmlosen Schabernack« treiben wollte.

Champ aus dem See

Einer von Nessies Vettern lebt möglicherweise im Champlain-See an der amerikanisch-kanadischen Grenze. Das scheue Wesen, das den Spitznamen Champ trägt, wurde 1977 von Sandra Mansi fotografiert. Obwohl es mehr als 250 Mal gesehen wurde, weiß bislang niemand, um was für ein Wesen es sich handelt.

Foto von einem Geschöpf im Champlain-See (USA/Kanada), 1977

.ebendes Fossil

•er Quastenflosser ist ein kräftiger Fisch, der ngefähr 1,5 Meter lang wird. Wissenschaftler laubten, dass er vor 60 Millionen Jahren ausestorben sei, aber 1938 ging einem Fischer im ndischen Ozean vor Südafrika ein lebender uastenflosser ins Netz. Wissenschaftler bezeichen den Quastenflosser als »lebendes Fossil«.

Ist Nessie ein lebender Dinosaurier?

Diese Aufnahme von einem Quastenflosser wurde in der Nähe der Komoren im Indischen Ozean gemacht

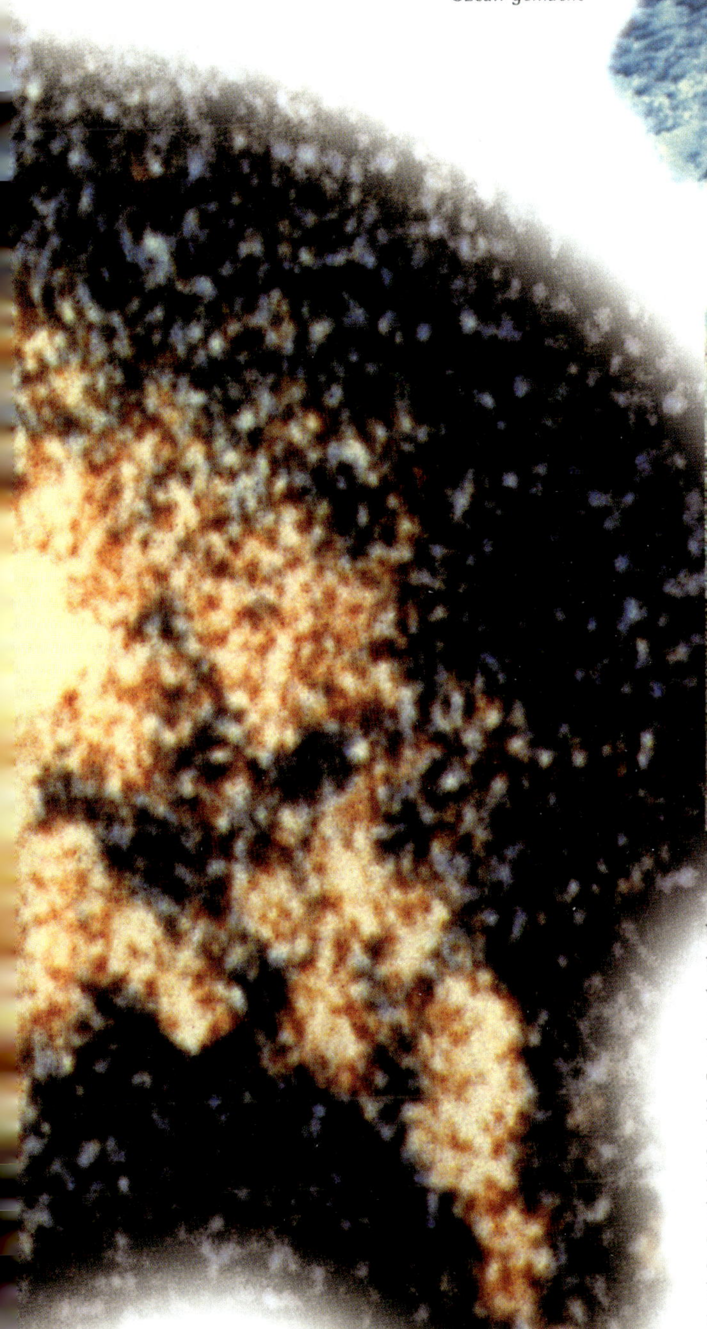

Darstellung eines Riesenkraken bei einer Attacke auf ein Schiff (1861)

Furcht erregende Fangarme

Kraken und Tintenfische messen normalerweise höchstens ein paar Meter im Durchmesser. Im Laufe der Geschichte wurde allerdings immer wieder von Geschöpfen berichtet, deren Fangarme so lang waren, dass sie damit ein Schiff unter Wasser hätten ziehen können. 1896 fand man an einem Strand im US-Bundesstaat Florida einen toten Riesenkraken; seine Fangarme waren neun Meter lang. Erst vor wenigen Jahren, nämlich 1984, war sich ein Kapitän von den Bermudainseln sicher, dass sich ein Riesenkrake eine seiner Langleinen gepackt und sein Boot daran durchs Wasser gezogen hätte.

Monster-Kaulquappe

Dieser merkwürdige Meeresbewohner wurde am 12. Dezember 1964 von Robert le Serrec, einem Fotografen, gesichtet. Damals war er mit seinem Boot im australischen Großen Barriereriff in der Nähe der Hook-Insel draußen auf See. Das Monster sah wie eine riesige, ungefähr 20 Meter lange Kaulquappe aus und schien an der Seite verwundet zu sein. Als es seinen Kopf aus dem Wasser hob, floh Robert le Serrec in panischer Angst.

Das Monster, das 1964 in der Nähe der australischen Hook-Insel fotografiert wurde

Gruselige Monster

Gibt es Geschöpfe wie den Yeti, den Bigfoot und die Bestie von Exmoor wirklich oder handelt es sich dabei nur um Märchen? Bernard Heuvelmans, der sich wie kein Zweiter im Reich der Tiere auskennt, glaubt, dass es auf der Welt noch unzählige Wesen gibt, die die Wissenschaft noch nicht kennt. Einige davon leben möglicherweise in Wüsten oder ausgedehnten Regenwäldern, wieder andere vielleicht im ewigen Eis. Der »Minnesota-Eismensch«, ein Geschöpf, das man in einem Eisblock fand, scheint diese Annahme zu bestätigen.

Eine Wildkatze, die man 1983 bei Kellas in Schottland entdeckte

Killerkatzen

In den frühen sechziger Jahren wurden in ganz Großbritannien Sichtungen von riesigen Wildkatzen gemeldet. 1980 schließlich wurde ein Wesen, das Schafe dadurch tötete, dass es ihnen die Kehlen aufriss, unter dem Namen »Bestie von Exmoor« berühmt. Zeugen erklärten, es sehe wie ein Puma aus. In den USA wurden hunderte von ähnlichen panterartigen, schwarzen Tieren gesehen.

Bigfoot

Die ersten Meldungen über den Bigfoot, ein riesiges, affenartiges Ungeheuer, gehen bis auf das Jahr 1811 zurück: Ein Händler berichtete damals von 35 Zentimeter langen Fußabdrücken. Ein Holzfäller namens Albert Ostman behauptete, dass er 1924 von einem Bigfoot entführt worden und von einer Familie, die aus vier solchen Wesen bestand, gefangen gehalten worden wäre, bis er schließlich entkommen konnte. Die Bilder unten sind Standfotos, die zwar aus einem Film von 1967 stammen, aber immer noch aktuell sind.

1967 filmte Roger Patterson in Bluff Creek im US-Bundesstaat Kalifonien etwas, von dem er behauptete, dass es sich um einen Bigfoot handeln würde. Er und sein Freund Bob Gimlin waren der Ansicht, dass das Wesen weiblichen Geschlechts war.

Das Geschöpf wandte sich ihnen zu und schaute sie an. Als die beiden Männer den Bigfoot jedoch verfolgen wollten, rannte er davon und sie verloren bald seine Spur im Fichtenwald.

»Sie sahen genauso aus, wie man sich die Bigfoots vorstellt: am ganzen Körper behaart, riesige Hände und sehr kräftig gebaut.« Glenn Thomas aus Estacada (US-Bundesstaat Oregon), der drei riesige Wesen gesehen hat.

Der Minnesota-Eismensch

Der Eismensch war eine behaarte, menschenähnliche Kreatur, die in einem Eisblock eingefroren war. In den sechziger Jahren wurde sie von einem Wanderzirkus vorgeführt, der durch den amerikanischen Mittelwesten tingelte. Frank Hansen, der Zirkusdirektor, bewahrte das Wesen in einer Kühltruhe auf. Viele Menschen, die den Eismenschen gesehen haben, glauben, dass es sich dabei um einen gut konservierten Frühmenschen handelte; andere hielten das Ganze jedoch für einen Schwindel.

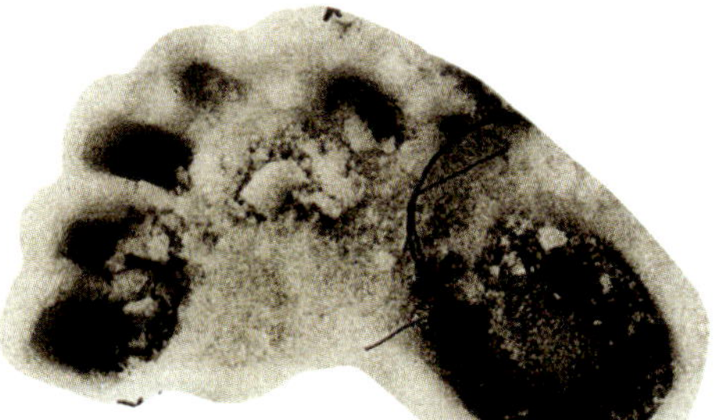

Verrückter Fußabdruck

Ein merkwürdiger Fußabdruck (oben) wurde 1969 bei Bossburg (US-Bundesstaat Washington) im Schnee entdeckt. Er war 42 Zentimeter lang und Wissenschaftler glauben, dass er von einer großen, affenähnlichen Kreatur – möglicherweise einem Bigfoot – stammt.

Künstlerische Darstellung eines Yetis

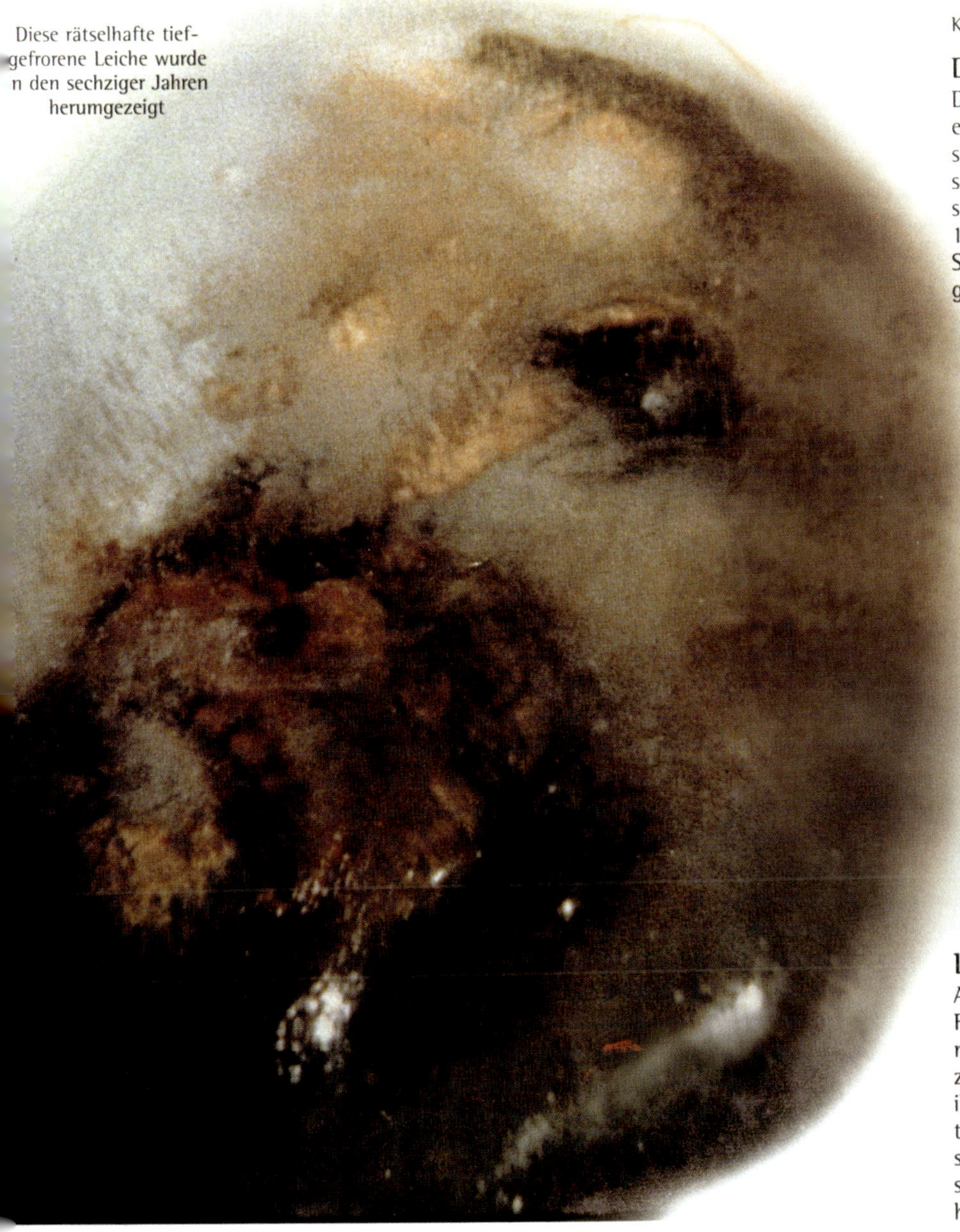

Diese rätselhafte tiefgefrorene Leiche wurde in den sechziger Jahren herumgezeigt

Der Yeti

Die ersten Europäer, die Tibet bereisten, bekamen es mit der Angst zu tun, als ihnen von einem riesigen Wesen berichtet wurde, das die Einheimischen »Yeti« oder (wegen seines furchtbaren Gestanks) »Scheußlicher Schneemensch« nannten. 1951 entdeckte der Mount-Everest-Forscher Eric Shipton mögliche Beweise für seine Existenz: riesige, 45 Zentimeter lange Fußabdrücke im Schnee.

Loys' Affe

Als im Jahr 1920 ein Schweizer Geologe namens François de Loys die Gegend an der kolumbianisch-venezolanischen Grenze erforschte, stürmten zwei große, affenartige Wesen zornig brüllend auf ihn zu. Seine Männer eröffneten das Feuer und töteten das Weibchen, dessen Kadaver sie anschließend fotografierten (oben). Bei dem Tier scheint es sich um eine unbekannte Affenart zu handeln, die menschliche Gesichtszüge trägt.

Am Rande des Universums

Angesichts der ungeheuren Zahl von Sternen, die man am Nachthimmel erblicken kann, scheint es schon fast sicher zu sein, dass es irgendwo dort draußen noch anderes Leben gibt. Auf dem Mond wurden keine Lebewesen gefunden, auf dem Mars kann es allerdings einst eine Form von Leben gegeben haben. Gegenwärtig arbeiten Wissenschaftler aus aller Welt zusammen an einem Gemeinschaftsprojekt namens CETI (Communication with Extraterrestrial Intelligence, Kommunikation mit außerirdischer Intelligenz). Sie versuchen die Aufmerksamkeit »anderer Welten« auf uns zu lenken, indem sie Radiowellen in den Weltraum hinausschicken.

Ist da draussen jemand?

Nachweislich gibt es im Universum mindestens 50 Sterne, die unserer Sonne ähneln. Wegen seiner gewaltigen Dimensionen kann man sich das Ausmaß des Universums nicht vorstellen und Wissenschaftlern zufolge dehnt es sich immer noch ständig weiter aus. Irgendwo muss es andere Planeten geben, auf denen wie auf unserer Erde Leben möglich ist. Außerirdische Lebensformen könnten allerdings so anders aussehen, dass wir sie vielleicht gar nicht erkennen würden.

Wir suchen immer noch nach diesen kleinen grünen Männchen . . .

Die Milchstraße besteht aus mindestens 200 Milliarden Sternen

Gibt es Leben auf dem Mars?

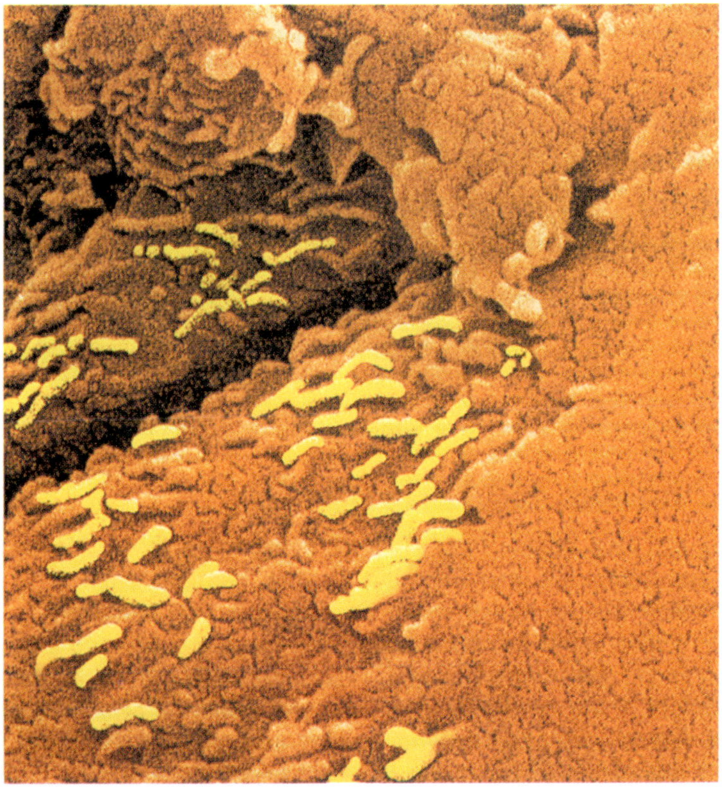

Der Meterorit vom Mars unter dem Elektronenmikroskop – die »Fossilien« wurden gelb gefärbt

Die Spekulationen darüber, ob es je Leben auf dem Mars gegeben hat, erhielten 1996 neue Nahrung. Wissenschaftler untersuchten mit einem starken Mikroskop einen Meteoriten vom Mars, den man 1984 in der Antarktis entdeckt hatte. Dabei stießen sie auf winzige, bakterienartige »Fossilien«. Diese sind ungefähr 3,6 Milliarden Jahre alt und möglicherweise ein Beweis dafür, dass es auf dem Mars einst eine Form von Leben gab.

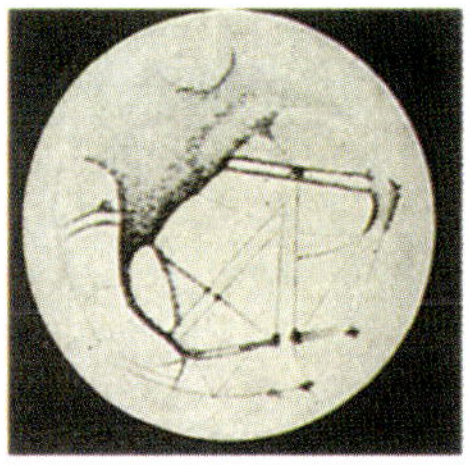

Marskarte von 1890

Marskanäle
1878 veröffentlichte Giovanni Schiaparelli die ersten seiner Marskarten. Die langen, geraden Linien bezeichnete er als »Kanäle«. Mit starken Fernrohren hat man später festgestellt, dass es keine solchen Kanäle gibt.

Der Mann im Mars
Fotos, die man 1976 von der Marsoberfläche gemacht hat, scheinen ein riesiges Gesicht zu zeigen. Es ist vielleicht ein Hinweis darauf, dass es auf diesem Planeten intelligentes Leben gibt. Viele Menschen behaupten dies mit Nachdruck und sehen das Gesicht als Zeichen für die Menschheit an.

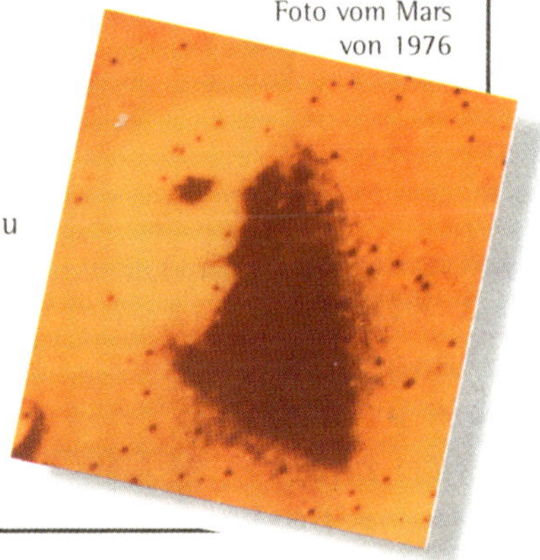

Foto vom Mars von 1976

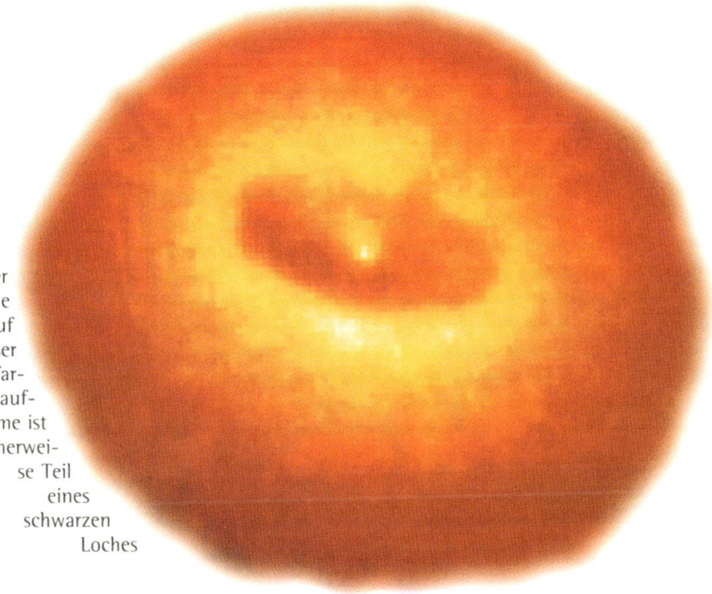

Der helle Kern auf dieser Falschfarbenaufnahme ist möglicherweise Teil eines schwarzen Loches

Hinein ins schwarze Loch . . .

Astronomen nehmen an, dass große Sterne zwar irgendwann verschwinden, das Gleiche aber für ihre Energie nicht gilt. Die Kraft, die dabei entsteht, wenn sie in sich zusammenfallen, ist so enorm groß, dass sie dabei so klein wie ein Stecknadelkopf werden, aber gleichzeitig das Gewicht eines Sternes beibehalten. Obwohl er winzig klein ist, hat dieser Stecknadelkopf eine ungeheure Schwerkraft. Sie verschluckt in einer Art Strudel oder »schwarzem Loch«, dem nichts entkommen kann, alles an Materie um sie herum.

Gestellte Mondlandung?

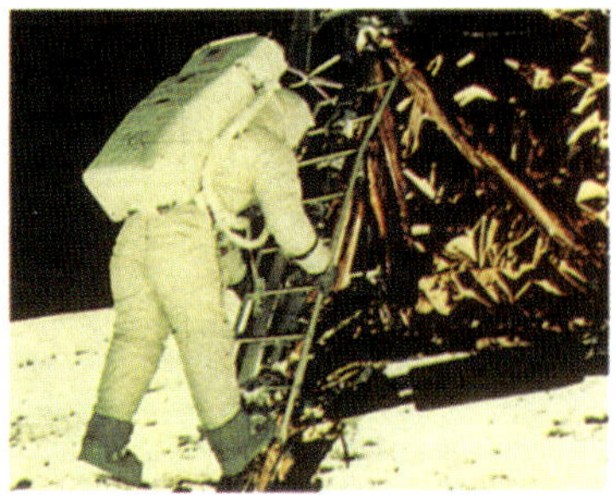

Edward »Buzz« Aldrin bei der Apollo-11-Mission

Obwohl 1969 die NASA die Mondlandung live übertrug, weigern sich einige Leute standhaft zu glauben, dass Menschen den Mond betreten haben. Sie behaupten, dass die Übertragung der Apollo-11-Mission in einem Studio auf der Erde gestellt wurde, was aufmerksame Beobachter an bestimmten fototechnischen Merkmalen erkennen könnten. Einige Fotoexperten halten die Bilder für unglaubwürdig, weil sie angeblich zu offensichtlich gestellt seien.

ZEITSPRÜNGE

Die Zeit ist eine Art Einbahnstraße, die uns eine Rückkehr in die Vergangenheit verwehrt. Trotzdem scheint es viele Fälle zu geben, in denen Menschen in die Vergangenheit zurückgesprungen sind bzw. ein paar genaue Eindrücke von der Zukunft erhaschen konnten. Zwei der berühmtesten »Zeitsprünge« ereigneten sich in Frankreich, und zwar in Versailles und in Dieppe.

Frau Eleanor Jourdain

Frau Charlotte Moberly

Königin Marie Antoinette

SELTSAME VISIONEN IN VERSAILLES

Am 10. August 1901 erlebte Frau Moberly, Rektorin an einem englischen College, zusammen mit ihrer Freundin Eleanor Jourdain einen Zeitsprung. Während einer Besichtigung des Schlosses von Versailles erblickten die beiden voller Erstaunen viele Menschen, die altmodische Kleider aus dem 18. Jahrhundert trugen – darunter auch eine Frau, die aufs Haar Königin Marie Antoinette, der Frau von König Ludwig XVI., glich. Beide Frauen fühlten sich anschließend verwirrt und niedergeschlagen. Waren sie auf irgendeine Weise in das 18. Jahrhundert gerutscht?

»Die Umgebung wurde plötzlich zweidimensional wie auf einem Bild.«

Charlotte Moberly

Das Schloss von Versailles in Frankreich

REGISTER

Der Hafen der französischen Stadt Dieppe

Die Katastrophe von Dieppe

Am 4. August 1951 konnten zwei Engländerinnen, die im französischen Puys Urlaub machten, nicht einschlafen: Die Ursache dafür war ein krachendes Getöse, das aus dem Hafen von Dieppe zu kommen schien. Schreie, Detonationen von Granaten und Flugzeuglärm drangen zu ihnen. Die beiden Damen waren sich nachher sicher, dass sie einen Zeitsprung erlebt hatten, und zwar zurück zum 19. August 1942, als britische und kanadische Streitkräfte einen verheerenden Angriff auf Dieppe durchführten.

Die Bestie vom Ben Macdui

Professor Norman Collie, ein Bergsteiger, war gerade dabei, alleine den in Schottland gelegenen Ben Macdui zu besteigen, als er plötzlich hinter sich im Nebel ein Knirschen vernahm. Dann war ihm, als würde er von einem Riesen verfolgt; erschrocken ergriff er die Flucht bergabwärts. Seit hunderten von Jahren schon haben Menschen dieselben Fußschritte gehört und ebenso panische Angst bekommen.

Der Ben Macdui im schottischen Cairngorm-Gebirgsmassiv

Die Explosion der Chemiefabrik von Flixborough (1974)

Blitzmeldung aus der Zukunft

29 Menschen starben am 1. Juni 1974 bei der Explosion der großen Chemiefabrik in Flixborough in der englischen Grafschaft Humberside. Lesley Castleton erfuhr von diesem Unglück – einschließlich der Anzahl der Toten und Verwundeten – durch eine Blitzmeldung, die das Fernsehen um die Mittagszeit brachte. Den Abendnachrichten zufolge hatte die Explosion jedoch nicht vor 16 Uhr 30 stattgefunden.

Phänomene des Unbekannten

Übersinnliche Kräfte

L'AMOUREUX.
LE MAT.
XIII
LA MORT

Inhalt

Einführung

Mit *I Ging*-Karten kann man die Zukunft vorhersagen

Dieses Kapitel handelt von Personen mit übersinnlichen Fähigkeiten: Menschen, die mit ihrem Geist seltsame Dinge vollbringen können – manche können kleine Objekte bewegen (Psychokinese), manche in der Luft schweben (Levitation) und andere über glühend heiße Kohlen gehen, ohne sich zu verbrennen.

Alle Menschen besitzen psychische Kräfte, auch wenn die meisten von uns sich dieser gar nicht bewusst sind. Meine eigenen Kräfte sind nur sehr schwach. Doch als meine Kinder noch Babys waren und im Kinderwagen schliefen, konnte ich sie aufwecken, indem ich sie einfach nur einige Zeit ansah – das funktionierte auch durch ein Fenster hindurch. Und als meine Frau heftige Zahnschmerzen hatte, spürte ich das ebenfalls – nicht als körperlichen Schmerz, sondern als Gefühl des Unwohlseins. Und ich wusste genau, wann der Zahnarzt ihr den schlechten Zahn zog, denn ich fühlte mich plötzlich seltsam erleichtert.

Ein Fakir in Agra (Indien), der seinen Kopf in der Erde begraben hat

»Der menschliche Geist ist wie ein Eisberg – der größte Teil liegt unter der Oberfläche verborgen.«

Carl Jung, Schweizer Psychologe

Ein Zauberer in Südafrika, der als Orakel fungiert und die Zukunft voraussagt

Uri Geller, der parapsychologisch Begabte aus Israel, erzählte mir einmal, dass jeder sich selbst beibringen könnte, ein Medium zu werden, indem er versucht, die Farbe jenes Autos zu erraten, das als nächstes um die Ecke biegt. Er meinte, dass man sehr bald fast alle Farben richtig raten würde. Uri konnte Löffel verbiegen, indem er bloß mit einer Fingerspitze daran rieb. Sein Auto ist über und über mit tausenden von verbogenen Löffeln und anderen Besteckteilen bedeckt.

Indische Fakire besitzen erstaunliche Kontrolle über ihren Körper – wie etwa die Fähigkeit, ihre Atmung für mehrere Stunden zu drosseln. Andere parapsychologische Kräfte dagegen haben den Anschein, als würde etwas „wie von selbst" geschehen. Sie sind einfacher zu verstehen.

Dieser Mann aus Sri Lanka geht über Feuer, ohne Schmerzen zu spüren

Uri Gellers Cadillac ist mit über 5000 verbogenen Besteckteilen bedeckt

Und was ist mit den so genannten »Stigmatisierten«, den Menschen, die aus denselben Wunden bluten, die Jesus Christus am Kreuz erlitten hat, oder manchmal blutige Tränen vergießen?

Wie ist es möglich, die Zukunft vorherzusagen, die ja noch nicht geschehen ist? Tausende Male ist die Zukunft schon geweissagt worden, nicht nur von Wahrsagern mit Kristallkugeln oder durch das Lesen des chinesischen *I Ging*, sondern von Menschen, die von zukünftigen Ereignissen geträumt haben oder einfach »wissen«, dass etwas morgen oder nächste Woche geschehen wird.

» Das Universum ist nicht nur seltsamer, als wir uns vorstellen. Es ist seltsamer, als wir uns überhaupt vorstellen können. «

J. B. S. Haldene, britischer Biologe

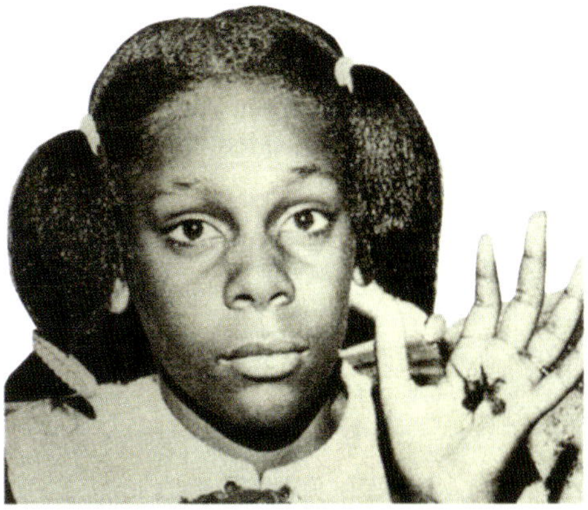

Cloretta Robertson aus Oakland in Kalifornien (USA), die zu Ostern 1972 aus den Wunden ihrer Stigmata blutete

Hier soll nicht versucht werden, diese bizarren Geschehnisse zu erklären – das wäre zu viel verlangt. Doch auf den folgenden Seiten werden Sie sehen, dass diese Dinge wirklich passieren und unsere Welt sehr, sehr viel seltsamer ist, als die meisten Menschen denken.

Colin Wilson

SELTSAME TALENTE

Der menschliche Körper ist ein bemerkenswerter Organismus, der erstaunliche Ausdauerleistungen und spektakuläre athletische Leistungen vollbringen kann. Doch einige Individuen besitzen Fähigkeiten, die bislang noch niemand befriedigend erklären konnte. Zu diesen bizarren Talenten gehören. das Speichern von Elektrizität wie eine Batterie, das Anziehen metallischer Gegenstände wie ein Magnet, der Röntgenblick und auch die Fähigkeit, Metall zu essen. Es gibt auch Menschen, die Metallgegenstände verbiegen können, indem sie sie streicheln. Wer weiß, was der menschliche Körper noch kann?

DIE MAGNETISCHE FRAU

Nachdem sie im Fernsehen einen Bericht über eine magnetische Frau aus Russland gesehen hatte, versuchte es Erika Zur Stirnberg aus Bochum in Deutschland an sich selbst. Sie legte einen Metalllöffel an ihre Brust und musste erstaunt feststellen, dass er dort haften blieb.

Brian Williams bringt elektrische Entladungen mit hoher Spannung zustande

Der elektrische Mann

Manche Menschen scheinen Elektrizität in ihrem Körper speichern zu können, um sie später wieder abzugeben. Brian Williams aus Cardiff in Wales (Großbritannien) kann eine Glühbirne zum Leuchten bringen, indem er sie mit seinen Fingern hält.

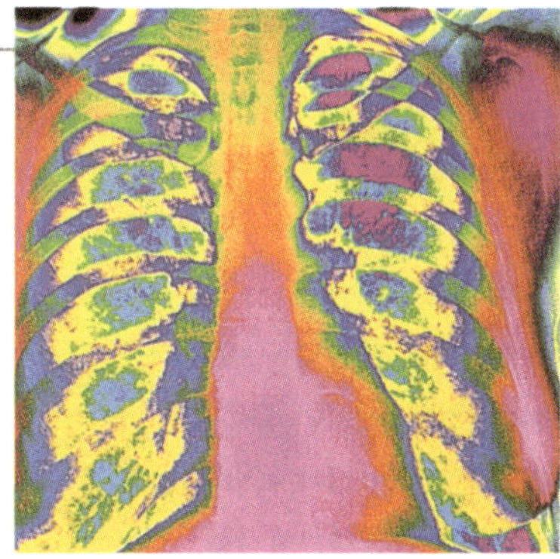

Auf einem farbigen Röntgenbild sieht man deutlich Organe und Knochen

Röntgenblick

Zheng Xiang Ling arbeitet in einem Krankenhaus in Peking (China) mit Ärzten zusammen, obwohl sie weder Ärztin noch Krankenschwester ist. Zheng hat eine einzigartige Fähigkeit: Sie kann die inneren Organe und die Knochen von Patienten sehen. Ihr Röntgenblick liefert ihr farbige, dreidimensionale Einsichten in die Kranken und unterstützt so die Ärzte bei ihren Diagnosen.

Michel Lotito isst im Durchschnitt [illegible]00 g Metall pro Tag

Monsieur Mangetout

Der Franzose Michel Lotito, besser bekannt als Monsieur Mangetout (oder Herr Alles-Esser), reist durch die Welt, wobei er Metall und Glas verspeist, das er mit Erdöl und viel Wasser hinunterspült. Er hat bereits Fahrräder, Fernsehgeräte und sogar ein kleines Flugzeug zu sich genommen. Wissenschaftler, die Lomitos Innenleben untersucht haben, fanden heraus, dass die Wände seiner Verdauungsorgane doppelt so dick sind wie die eines durchschnittlichen Menschen und dass seine Magensäfte besonders stark sind.

Frau Zur Stirnberg – eine magnetische Frau

Die Inhalte ihres Küchenschrankes hafteten an Frau Zur Stirnberg

Besteck verbiegen

Während der 70er Jahre wurde ein Israeli namens Uri Geller berühmt, weil er die ungewöhnliche Fähigkeit besaß, Metallgegenstände zu verbiegen, indem er sanft mit dem Finger darüberstrich. Von ihm verbogene Metalllöffel zeigen Anzeichen von »Materialermüdung«, als wenn sie kräftig hin- und hergebogen worden wären. Ebenso kann Geller Metallreifen zerbrechen, ohne sie zu berühren, und Uhren in Gang setzen, ohne damit zu hantieren. Möglicherweise erzeugt er eine ungewöhnliche Form von Elektrizität.

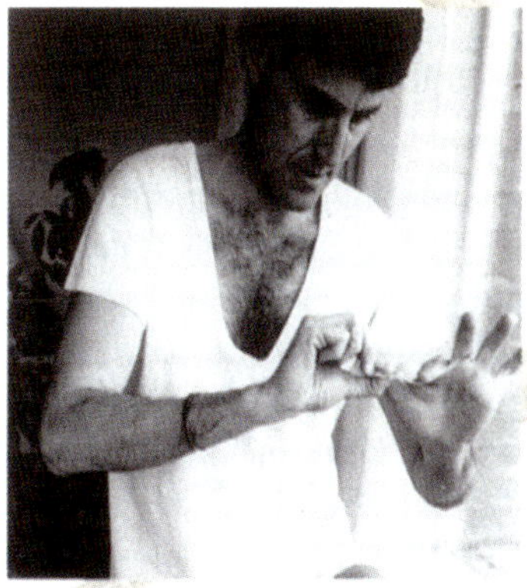

Uri Geller kann Löffel verbiegen, Kompassnadeln bewegen und Wasseradern im Boden orten

Metalle verbiegen

Viele Menschen, vor allem Kinder, wie etwa Monica Tejada aus Spanien, entdecken, dass auch sie Metall durch bloßes Darüberstreichen verbiegen können.

SEGEN UND FLUCH

Einige der unbekannten Kräfte in uns können außergewöhnliche Effekte hervorrufen. Einer dieser Effekte ist die spontane Selbstentzündung, bei der Menschen von innen heraus verbrennen, bis ihr Körper schließlich von den Flammen vollständig zerstört ist. Der Wissenschaft zufolge sollte so etwas unmöglich sein. Dasselbe gilt für Kinder, die Dinge in Brand setzen können, indem sie sie einfach nur ansehen.

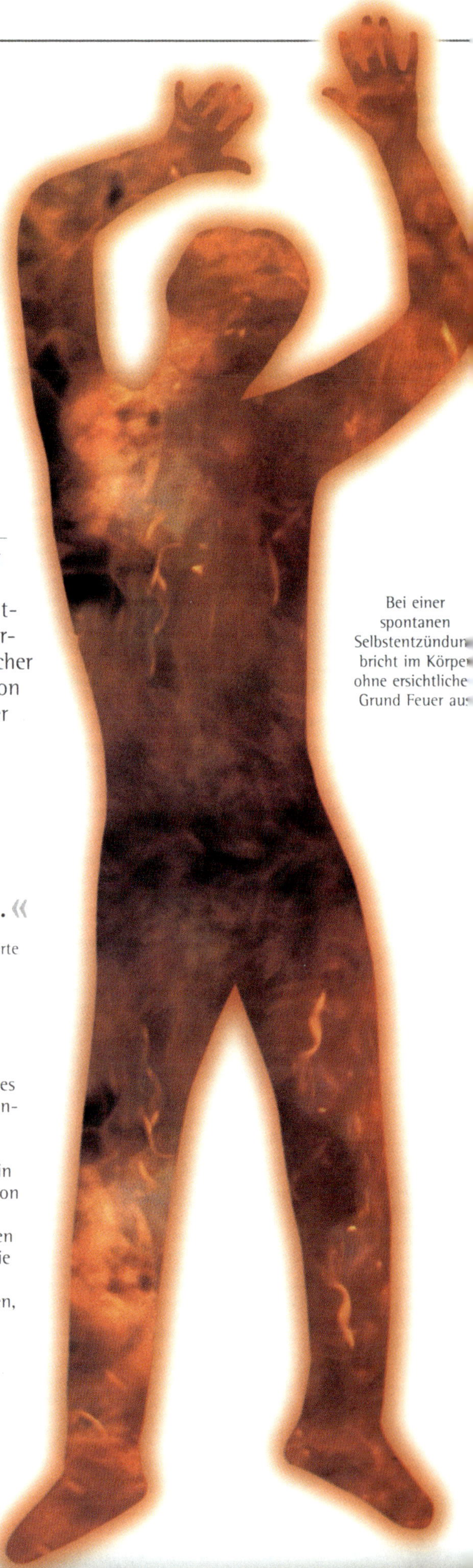

Bei einer spontanen Selbstentzündun bricht im Körpe ohne ersichtliche Grund Feuer au

SPONTANE SELBSTENTZÜNDUNG VON MENSCHEN

Es gibt einige Fälle, in denen Feuer einen Menschen fast vollständig verschlang, die Umgebung jedoch dabei keinen Schaden nahm. Diese mysteriösen Todesfälle sind das Ergebnis von spontaner Selbstentzündung. Was lässt eine Person plötzlich in Flammen stehen? Die wahrscheinlichste Erklärung ist Elektrizität. Trockenes Haar knistert vor statischer Elektrizität, wenn Sie es kämmen. Vielleicht kann der Körper eine Art von elektrischer Ladung aufbauen, die sich zu einem Feuer entzündet. Oder könnte hier eine Kraft am Werk sein, die der Wissenschaft bislang unbekannt war?

» Solche Dinge können einfach nicht passieren. «

Professor Wilton Krogman, Feuerexperte

Feueralarm!

1982 las Benedetto Supino im Wartezimmer eines Zahnarztes ein Comicheft, das plötzlich zu brennen anfing. Seit damals kann Benedetto Objekte in Brand setzen, indem er sie einfach nur ansieht. Benedetto, der in Formia in Italien lebt, ist einer von vielen »pyrokinetischen Menschen« – die meisten von ihnen Kinder – die scheinbar über die Fähigkeit verfügen, Feuer zu entfachen, ohne dass sie wissen, wie oder warum.

Dieses Tuch verbrannte auf mysteriöse Weise, während Benedetto schlief

Benedetto Supino

Der Fall Mary Reeser

Als Mary Reeser ihrem Nachbarn am 1. Juli 1951 gute Nacht wünschte, meinte sie zwar, es sei zu heiß zum Schlafen, schien aber sonst in guter Verfassung. Am nächsten Morgen war alles, was von Frau Reeser und dem Lehnstuhl, in dem sie gesessen hatte, übrig geblieben war, etwas heiße Asche und ein paar geschwärzte Sprungfedern. Der Großteil des Schadens befand sich innerhalb eines 1,2 m großen Kreises rund um den Stuhl. Sonst war im Raum nur wenig verbrannt, obwohl eine Schicht aus klebrigem Ruß die Wände bis zu einer Höhe von 1,2 m über dem Boden bedeckte. Unterhalb dieser Linie war der Raum kaum in Mitleidenschaft gezogen.

Mary Reeser aus St. Petersberg in Florida (USA)

Aufräumarbeiten nach dem seltsamen Brand in Mary Reesers Wohnung

Leuchtende Menschen

Ein ebenso ungewöhnliches Phänomen ist das Leuchten – Menschen, die wie Glühbirnen strahlen. Im Jahr 1934 tauchten in den medizinischen Fachzeitschriften in aller Welt Berichte über Anna Monaro aus Pirano (Italien) auf. Anna litt an Asthma, und während der Anfälle ging von ihrer Brust ein blauer Schimmer aus. Er trat jedes Mal für einige Sekunden auf und wies manchmal auch eine Rot- oder Grünfärbung auf. Die Ärzte konnten das Phänomen nicht erklären.

Eine leuchtende Person kann ein blaues Licht ausstrahlen

»Durch Reiben wurde der Schein verstärkt und ausgedehnt...«

Medizinische Fachzeitschrift *English Mechanic*, 1869, über den Fall einer leuchtenden Zehe

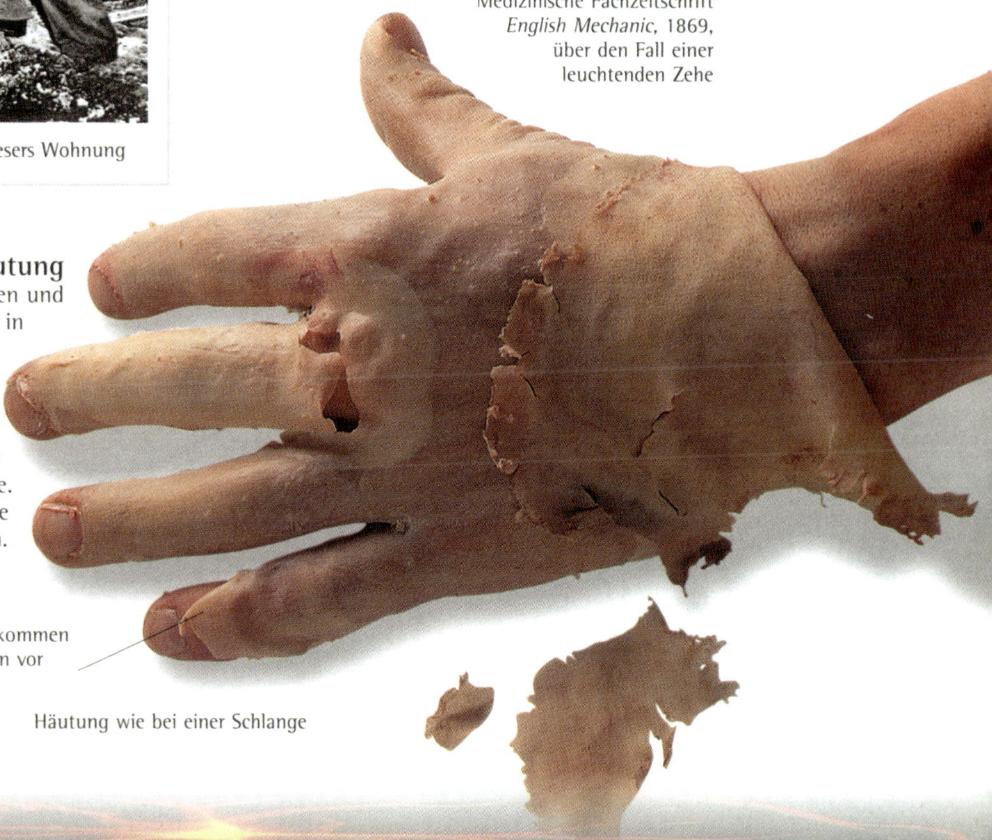

Häutung

Manche Menschen häuten sich wie Schlangen und andere Reptilien. S. O. Buskirk aus Clark County in Missouri (USA) häutete sich einmal im Jahr. Fünf Jahre hindurch begann seine Haut jeweils am 27. Juni hart zu werden und sich dann zu schälen. Manchmal fiel die Haut in großen Stücken ab - die Haut auf den Händen ging in zwei ganzen Teilen ab, wie ein Paar Handschuhe. Unter den alten Schichten kam eine weiche neue Haut zum Vorschein.

Häutungen kommen sehr selten vor

Häutung wie bei einer Schlange

Die Kraft des Geistes

Existiert Schmerz nur im Kopf? Wenn Sie Ihre Hand in eiskaltes Wasser halten, sich jedoch einreden, das Wasser wäre warm, kann sich das Wasser tatsächlich warm anfühlen. Heilige Männer in Indien und Sri Lanka, bekannt als Fakire, setzen Meditation und Konzentration ein, um den Schmerz auszuschalten. Fakire können sogar Nadeln in sich selbst stechen, ohne zu bluten. Auch in den chinesischen und japanischen Kampfkünsten wird gelehrt, dass die mächtigste Waffe von allen der menschliche Geist ist.

Indischer Yogi

Es gibt tausende Yoga-Stellungen

Den Geist kontrollieren
Das Yoga-Training dient dazu, Kontrolle über Körper und Geist zu entwickeln. Einen Meister des Yoga nennt man Yogi. Viele Yogis können extreme Hitze oder Kälte ertragen, und es gibt sogar Berichte über Yogis, die in der Luft schweben (Levitation) oder auf dem Wasser gehen können. Doch das höchste Ziel aller Yogis ist es, Harmonie mit dem Schöpfer (Brahma) zu erlangen.

Faszinierende Fakire

Ein Fakir ist ein heiliger Hindu, der daran glaubt, dass extreme körperliche Disziplin ihn bei der spirituellen Befreiung seines Geistes unterstützt. Es gab Fakire, die dafür berühmt waren, dass sie jahrelang mit gekreuzten Beinen gesessen und einen Arm ausgestreckt gehalten haben, bis die Muskeln starr wurden, oder wochenlang ohne Unterbrechung im Wasser gesessen haben. Durch das Ertragen solcher Schmerzen und Unannehmlichkeiten versuchen sie, Selbstbeherrschung zu trainieren.

Fakir mit eingegrabenem Kopf in Agra (Indien)

Menschen im Winterschlaf
Mittels Yoga und Meditation können Fakire lernen, ihre Atmung und andere Körperfunktionen zu kontrollieren. Wenn dieser heilige Mann (links) seinen Kopf im Boden eingräbt, kann er seinen Herzschlag auf zwei Schläge pro Minute verlangsamen.

Der Franzose Rudi Ange legt sich auf ein Nagelbett

Nagelbett
Viele Fakire werden gegen Schmerz immun und können ohne Probleme auf einem Bett aus spitzen Nägeln liegen. In dieser Stellung können sie Stunden verbringen. Tatsächlich sieht dieses Kunststück schmerzhafter aus, als es ist, weil dadurch, dass das Gewicht auf viele Nägel verteilt wird, kein einziger Nagel in die Haut dringt.

Alice Penfold demonstriert ihre ungewöhnliche Kraft

Jedes Gewicht wiegt 24,5 kg

Feuerschlucken

Ein Feuerschlucker »schluckt« das Feuer nicht wirklich. Er steckt einen brennenden Stab in seinen Mund und schließt schnell die Lippen. Ohne Sauerstoff kann das Feuer nicht brennen und die Flammen erlöschen. Holt er den Stab wieder aus dem Mund, entzündet sich das Feuer von neuem. Will ein Feuerschlucker Feuer speien, nimmt er eine brennbare Flüssigkeit in den Mund und bläst sie über ein brennendes Stäbchen, sodass die Flammen hochschlagen. Feuerschlucken ist extrem gefährlich – sogar Profis verbrennen sich gelegentlich.

Furcht einflößende Kraft

Bereits als Kind besaß Alice Penfold aus Bury (Großbritannien) beachtliche Körperkräfte. Einmal demonstrierte sie ihre Stärke, indem sie den Stuhl, auf dem gerade ihre Schwester saß, packte und über ihren Kopf hob – und zwar nur mit ihren Zähnen. Ein weiteres von Alices kräftigen Kunststücken war das Heben von zwei schweren Gewichten mit ihren Zöpfen.

»Das ist ein sehr gefährlicher Trick.«

Jean Gegan, Feuerschlucker

Ein Feuerschlucker zieht in den Straßen von Paris (Frankreich) eine spektakuläre Show ab

Karate

Die Kampfsportarten entstanden vor hunderten von Jahren in China. Disziplinen wie Karate wurden in Japan weiterentwickelt und sind nun in der ganzen Welt beliebt. Früher im Kampf eingesetzt, dienen sie heute der Selbstverteidigung. Für alle Kampfsportarten ist Selbstdisziplin von grundlegender Bedeutung. Jemand, der Kampfsport betreibt, nimmt seine Fertigkeiten sehr ernst; er entwickelt Selbstvertrauen und Selbstkontrolle. Es dauert Jahre, bis man lernt, Beton oder Ziegelsteine so durchzuschlagen, dass man sich dabei an der Hand nicht verletzt.

Ein Karateexperte durchschlägt Betonblöcke

Kein Schmerz, keine Angst

Der Schlüssel zu den hier vorgestellten Geheimnissen ist der menschliche Geist selbst. Genauso wie wir vielleicht gar nicht bemerken, dass wir uns verletzt haben, wenn wir sehr aufgeregt sind, so scheinen einige bemerkenswerte Individuen weder Schmerz noch Angst zu empfinden. Menschen, die über glühende Kohlen laufen, »menschliche Nadelkissen« und Mönche, die sich selbst mit Eisenstäben schlagen, können ihren Geist darauf trainieren, die Schmerzempfindung des Körpers auszuschalten.

Ein Feuerläufer in Sri Lanka

Den Schmerz überwinden

Dieser Gläubige aus Prambanan in Java (Indonesien) hat beim Tanzen ein Stadium der Ekstase erreicht. Er spürt, dass ein Gott von ihm Besitz ergriffen hat. In diesem Zustand kann er Nadeln durch seine Wangen und seine Zunge stechen, ohne Schmerz zu empfinden. Studien belegen, dass das Gehirn in extremen Situationen gewisse Substanzen, so genannte Endorphine, ausschüttet, die als natürliche Schmerzmittel fungieren und ein Glücksgefühl bewirken.

Ein Tänzer, der während eines Festes in Java (Indonesien) sein Gesicht durchsticht

Ein gläubiger Hindu bei den Thaipusam-Feierlichkeiten

Menschliche Nadelkissen

Während des Thaipusam-Festes in Singapur durchstechen Hindus ihren Körper und hängen Zitronen an die Wunden. Vielleicht empfinden sie keinen Schmerz oder sie glauben, der Schmerz beweise, dass sie ihre Sünden bereuen.

Über Feuer laufen

In der ganzen Welt gibt es Menschen, die über Feuer laufen können, insbesondere in den Ländern Polynesien, Indien, Japan und Kalifornien (USA). Forscher glauben, dass grundsätzlich jeder über glühende Kohlen oder Steine laufen kann, wenn er es nur schnell genug tut. Wenn die Füße nur für wenige Sekunden Kontakt mit dem Feuer haben – auch wenn die Glut Temperaturen bis zu 800° C erreichen kann – verbrennt das Fleisch nicht. Doch für die Feuerläufer liegt das Geheimnis in der Kraft des Geistes. Polynesische Feuerläufer glauben an eine Kraft, die sie »Mana« nennen, und um deren Macht zu beweisen, nehmen sie einen Zuschauer bei der Hand, der ebenfalls über glühende Kohlen laufen kann und doch nur eine sanfte Wärme an seinen Füßen verspürt.

»Sie erlebten weder Verletzungen noch Schmerzen...«

Dr. Harry Wright, Philadelphia (USA)

Dolche durchdringen die Haut

Barong-Tänzer in Indonesien

Messertanz

Barong-Tänzer vollführen in Bali (Indonesien) einen Tanz, bei dem sie Dolche benutzen. Während des Tanzens geraten sie in einen tranceähnlichen Zustand und dringen mit den Messern in ihren Körper ein, ohne dabei Blut zu vergießen.

Die Kräfte des Shaolin-Mönches hängen von seiner Konzentration ab

Die Fähigkeiten der Shaolin

Mönche aus dem Shaolin-Kloster in der Provinz Hunan (China) praktizieren eine Form von Buddhismus, die Kampfsport und Meditation einschließt. Die Kampfkunst dient dabei nicht dem Wettstreit, sondern dem spirituellen Wachstum. Das Geheimnis der ungewöhnlichen Stärke dieser Mönche liegt in ihrer Konzentration.

Die Stoffmuster können die Schlange verwirren

Nach dem Tanz küsst eine Schlangenpriesterin eine Kobra

Tödlicher Kuss

In Burma (Myanmar) tanzen die Priesterinnen von Schlangenkulten mit Kobras, vor allem mit Königskobras. Sie entkommen den tödlichen Giftzähnen, indem sie so wie eine Stierkämpfer mit seinem Tuch die Schlangen mit ihren langen Röcken ablenken. Am Ende des Tanzes beugt sich die Priesterin vor, um die Schlange zu küssen. Das ist wahrscheinlich weniger gefährlich als es aussieht. Zu diesem Zeitpunkt ist die Schlange bereits erschöpft und hat sicherlich ihr Gift bereits in dem Rock der Frauen versprüht.

»Die Schlange ist heilig und darf nicht verletzt werden.«

Alter buddhistischer Text

Tricks und Magie

Die »Zauberei«, die Ihnen im Fernsehen gezeigt wird, beruht auf Illusion – zum Beispiel indem man Dinge mittels »Taschenspielertricks« erscheinen und verschwinden lässt oder indem man die Aufmerksamkeit des Publikums ablenkt, sodass niemand sicher sein kann, was er gesehen hat. Andere Formen von Magie können nicht so einfach erklärt werden. Manche Magier scheinen wirklich über spezielle Kräfte zu verfügen, mit denen sie sich selbst, andere Personen und Objekte schweben oder einen Jungen vor den Augen einer Menschenmenge verschwinden lassen können.

Karachi und Kyder, die für ihren Seiltrick berühmt waren, auf einer Fotografie aus dem Jahr 1935

Der indische Seiltrick
Beim berühmten indischen Seiltrick bleibt das Seil, wenn es vom Magier in die Luft geworfen wird, steif. Ein Assistent des Zauberers, meistens ein Kind, klettert am Seil hoch und verschwindet dann. Später taucht das Kind wieder auf, wobei es meist auf dem Boden steht. Auch wenn es viele Fotoaufnahmen von diesem Trick gibt, ist niemand ganz sicher, wie er funktioniert.

Der berühmte amerikanische Magier David Copperfield

Unfassbarer Magier

David Copperfields Magie ist vielen von uns bekannt. Er ist ein Meister fantastischer Illusionen, die im Fernsehen übertragen werden. David hat sogar die Große Mauer von China »verschwinden« lassen. Dies ist nur eine Art Zaubertrick. Magier können auch Objekte erscheinen lassen und zum Beispiel Kaninchen aus einem Zylinderhut hervorzaubern. Diese Form von Magie nennt man traditionell »Zauberei«.

» **Er hatte sich aus den Handschellen befreit, bevor ich mich umgedreht hatte.**

Superintendent Melville, Scotland Yard (Großbritannien)

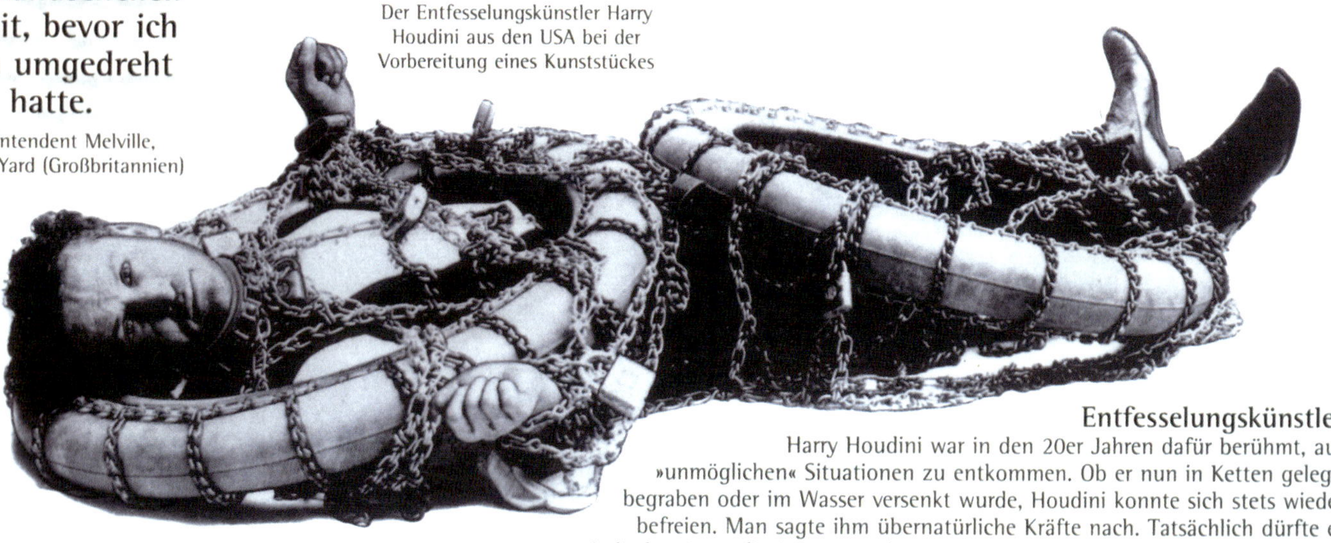

Der Entfesselungskünstler Harry Houdini aus den USA bei der Vorbereitung eines Kunststückes

Entfesselungskünstler
Harry Houdini war in den 20er Jahren dafür berühmt, aus »unmöglichen« Situationen zu entkommen. Ob er nun in Ketten gelegt, begraben oder im Wasser versenkt wurde, Houdini konnte sich stets wieder befreien. Man sagte ihm übernatürliche Kräfte nach. Tatsächlich dürfte er von indischen Yogis (heilige Hindus) gelernt haben, seine Atmung zu kontrollieren.

Levitation

Sicherlich setzen einige Magier Tricks ein, um Menschen schweben zu lassen, doch können übersinnliche Kräfte dasselbe bewirken? Tatsächlich konnten viele Menschen mit medialen Fähigkeiten das Gesetz der Schwerkraft überwinden. Dabei mag eine Form von Meditation stattfinden. Ein bekanntes Experiment, das auf Meditation beruhen dürfte, besteht darin, dass vier Personen eine weitere Person aufheben, indem sie ihre Zeigefinger unter die Arme und Knie dieser Person legen. Es scheint, als ob kollektive Geisteskraft genügend Energie produzieren kann, um eine Person schweben zu lassen.

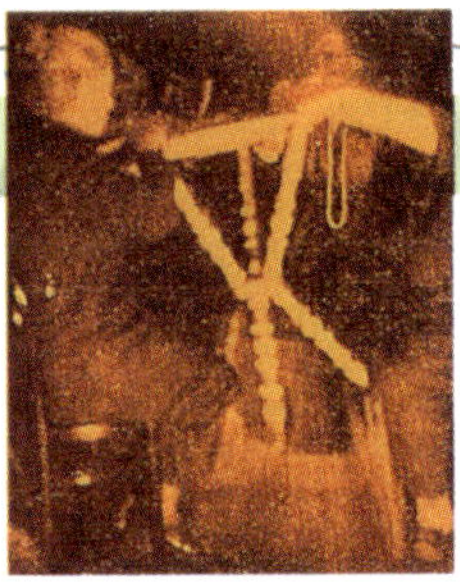

Frau Deane konzentriert sich und der Tisch hebt sich

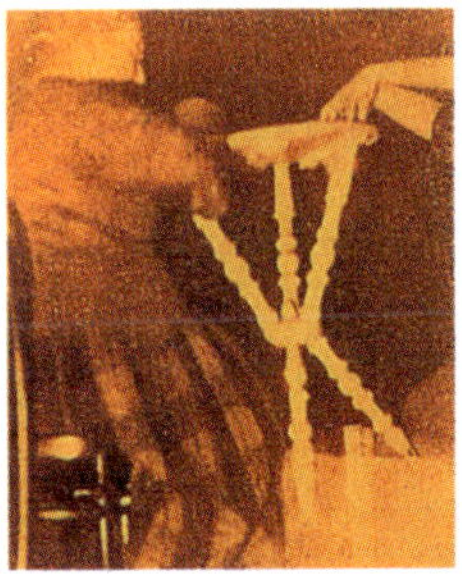

Der Tisch schwebt in der Luft ...

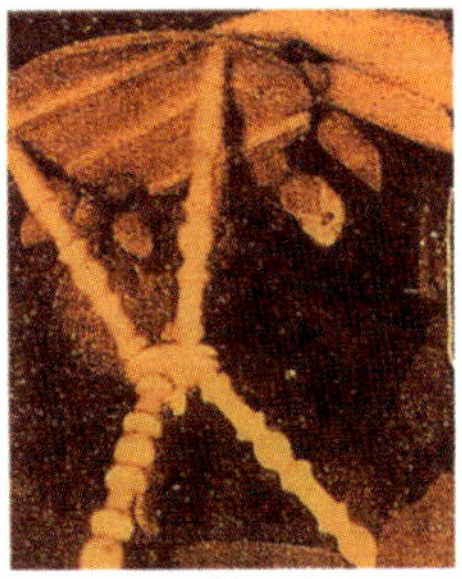

... dann kracht er wieder zu Boden

D. D. Home, schwebend

» Ich kenne Frau Deane seit vielen Jahren und sie hat sich stets als durchwegs ehrlich erwiesen. «

Estelle Stead

In Bewegung
Manchmal scheinen Möbelstücke während einer Séance (ein Treffen, bei dem ein Medium versucht, mit den Toten in Kontakt zu treten) zu schweben. Frau Ada Deane, in den 20er Jahren in Großbritannien als Medium bekannt, ließ 1923 bei einer Séance einen Tisch schweben. Die Fotoserie (links) zeigt, wie sich der Tisch bewegt und abhebt.

Nach Hause schweben
Das Medium Daniel Douglas Home aus Connecticut (USA) war für viele Kunststücke berühmt, einschließlich Levitation. In einem Haus in London (Großbritannien) wurde einst beobachtet, wie er im 4. Stock aus einem Fenster schwebte und bei einem anderen wieder hinein.

Der britische Magier »Doc« Shiels lässt seine Tochter schweben

Hochschweben
Der Magier »Doc« Shiels aus Cornwall in Großbritannien (oben) zeigt bei seinen Darbietungen auch Levitationen. Dieses faszinierende Foto zeigt, wie Shiels seine Tochter schweben lässt. Er weigert sich zu sagen, ob er übernatürliche Kräfte oder Tricks anwendet.

Hier wurde das Bild eines schwebenden Fakirs hinzugefügt

Meisterleistungen von Fakiren
Besucher können in Indien häufig Fakire (heilige Männer) bei Levitationen beobachten. Solche Demonstrationen scheinen die Naturgesetze zu widerlegen, und viele Menschen können es nicht fassen. Dieses Foto (oben) ist jedoch ohne Zweifel gefälscht.

Weise und Verrückte

In vorchristlichen Zeiten gab es weise Frauen, die man Hexen nannte. Sie waren Priesterinnen einer alten Religion, die den Mond verehrte. Die »Heiligen Drei Könige« aus der Bibel, auch als »die Weisen aus dem Morgenland« bekannt, waren persische Gelehrte, die die Sterne studierten. Moderne »Weise« aus Indien und angrenzenden Ländern werden Sadhus oder Gurus genannt. Sie sind spirituelle Lehrer oder religiöse Reisende.

Merlin verhalf König Arthur zum Thron

Eine niederträchtige Hexe?

Traditionelle Hexen sind alte, hässliche Weiber, die auf einem Besen herumfliegen und uns aus Märchen als gemeine Figuren bekannt sind. Im Mittelalter wurden sie beschuldigt, Pakte mit dem Teufel zu schließen, und hingerichtet. Doch vor langer Zeit, in vorchristlichen Jahrhunderten, galten Hexen als weise Heilerinnen. Sie besaßen häufig ein großes Wissen über Kräuter, konnten einfache Krankheiten behandeln oder sogar einen Zauber aussprechen, um die Saat zum Wachsen zu bringen. Auch heute gibt es noch Hexen. Ihre Religion nennt man »Wicca« (von einem alten englischen Wort, das »weise« bedeutet), und die Natur ist ihnen heilig.

Die typische Hexe trug einen spitzen Hut

Traditionelle Hexe

Der Zauberer Merlin

König Arthur war ein britischer Feldherr, der um 500 n. Chr. gegen die Sachsen kämpfte. Dabei stand ihm Merlin zur Seite, ein Zauberer oder weiser Mann. Merlin war Arthurs Ratgeber und konnte die Zukunft vorhersagen. Historiker glauben, dass Merlin tatsächlich gelebt hat. Er hieß Myrddin und war eher ein Barde (ein Poet, der seine Gedichte laut sang) als ein Zauberer.

Ein Loogarou fliegt nachts

Gestaltwandler

Man glaubte, dass Hexen ihre Gestalt verändern konnten, wenn sie wollten, und als Tiere oder Vögel auftreten konnten. In der volkstümlichen Dichtung Westindiens konnte eine kinderlose Frau zum Werwolf, zum Loogarou werden – ein riesiges Monster, das Kinder aß.

Die Pythia im Orakel des Apollo in Delphi (Griechenland)

Das Orakel befragen

Im Tempel des Apollo auf dem Berg Parnassus in Griechenland konnten Menschen das Orakel befragen, um Antworten auf ihre Fragen zu erhalten. Während eines speziellen Rituals gab eine als Pythia bezeichnete Frau im Namen des Gottes Apollo Antwort. Meistens waren diese Antworten so undurchsichtig, dass sie von Priestern interpretiert werden mussten.

Einen Sadhu, der den Gott Shiva anbetet, sieht man häufig mit Schlange

Indischer Sadhu

Ein Heiliger auf Reisen

Im Hinduismus wird ein umherwandernder heiliger Mann Sadhu genannt. Er hat nur wenige Besitztümer und verlässt sich auf die Hilfe anderer. Ein Sadhu hat dem normalen Leben den Rücken gekehrt und verbringt seine Zeit damit, durch Gebet und Meditation den Sinn des Lebens zu finden. Viele Sadhus besitzen magische Kräfte, wie die Fähigkeit, in Trance zu anderen Orten zu reisen oder Gedanken zu lesen.

Unedle Metalle wurden gepresst und erhitzt, um sie in Gold zu verwandeln

Auf ihrer Suche nach dem Lebenselixier destillierten Alchemisten Chemikalien

Die Kunst der Alchemie

Im Mittelalter suchten Wissenschaftler, die sich selbst Alchemisten nannten, nach dem »Stein der Weisen«. Dieser würde unedle Metalle, wie Blei, in Gold verwandeln und wer immer ihn entdecke, würde ewig leben. Überall auf der Welt mischten Alchemisten in ihren Laboratorien Substanzen zusammen. Einige insistierten, sie hätten Erfolg gehabt. Der Franzose Nicholas Flamel behauptete, er hätte den magischen Stein 1382 gefunden und dreimal Quecksilber zu Gold »transmutiert«. Anders als die meisten Alchemisten starb Flamel jedenfalls als überaus reicher Mann.

Ein alchemistisches Laboratorium in Florenz (Italien), gemalt von Jan Stradanus 1570

Welt der Geister

Schamanen, Medizinmänner und Voodoopriester haben eines gemeinsam: Sie alle behaupten, sie könnten mit Geistern kommunizieren. Sie glauben, dass es in der Welt unzählige gute und böse Kräfte gibt, und sie, wenn sie sich in Trance begäben, die Geisterwelt besuchen könnten und dort Hilfe und Rat erhalten würden. Manchmal lebt ein Geist auch im Körper eines Schamanen und hilft ihm zu heilen, Auseinandersetzungen zu schlichten oder verlorene Objekte wiederzufinden.

Transformationsmaske

Diese Schrecken erregende Maske wird von Schamanen bei den Kwakiutl-Indianern im Nordwesten Amerikas getragen. Wenn die Klappen an beiden Seiten der Maske geschlossen sind, sieht sie aus wie ein Adler. Werden sie geöffnet, enthüllen sie das Gesicht eines wilden Kriegers.

Voodoo-Zauber

Voodoo, die magische Religion Westafrikas, gelangte durch Sklavenhändler, die Afrikaner entführten und sie in Amerika und auf den Westindischen Inseln, vor allem auf Haiti, verkauften, über den Atlantik. Voodoopriester sprechen Zaubersprüche, belegen mit Flüchen und stehlen Leichen, um sie zu Zombies (zu Toten, die ins Leben zurückkehren) zu machen. Während ihrer Rituale lassen Voodoopriester Geister von ihrem Körper Besitz ergreifen, damit diese Fragen beantworten und Probleme lösen können.

Ein von Geistern besessener Voodoopriester ist bereit, Menschen im Krankenhaus für Voodoo-Heilungen in Ghana (Westafrika) zu kurieren

Ein Sufi in der Türkei führt einen wirbelnden Tanz vor

Wirbelnder Derwisch

Derwische sind Mitglieder einer islamischen Gruppe namens Sufis. Sufi-Muslime suchen die Nähe zu Gott. Manche drücken ihre Ergebenheit mit einem wirbelnden Tanz aus, der Stunden andauern kann, wobei die Tänzer in einen Zustand religiöser Ekstase geraten.

Kwakiutl-Maske, offen

Geschlossene Maske

Sie tanzt mit geschlossenen Augen

Trancetänzerin in Bali (Indonesien)

Trancetanz

In Bali (Indonesien) führen zwei Mädchen im Alter von zehn oder zwölf Jahren einen rituellen Tanz auf. Sie tanzen in Trance, mit geschlossenen Augen, besessen von einem Geist, der angerufen wurde, um dem Dorf zu helfen. Obwohl die Mädchen einander nicht sehen können, sind ihre Bewegungen identisch. Nach dem Tanz brechen die Mädchen ohnmächtig zusammen. Ein Priester betet für sie und segnet sie mit heiligem Wasser.

Afrikanischer Heiler

In manchen Teilen Afrikas suchen die Kranken Hilfe bei einem traditionellen Heiler. Dieser Heiler stammt vom Luo-Stamm im Westen Kenyas. Er lebt und wirkt nahe der Küste des Viktoriasees. Um herauszufinden, was nicht stimmt, kommuniziert er mittels Kaurimuscheln mit den Geistern. Aus der Anordnung der Muscheln auf seiner Handfläche kann er die Ursache des Problems des Patienten herauslesen.

Ein Luo-Heiler aus Kenya studiert Kaurimuscheln

Ein Yanomamo-Schamane bekämpft feindliche Zauberei

Schamanen in Südamerika

Ein Schamane des Yanomamo-Volkes in Amazonien (Südamerika) muss jahrelanges Training absolvieren, bevor er Geister (oder *Hekura*) in seinen Körper einladen kann. Die *Hekura* werden ihm gehorchen und ihm helfen zu heilen. *Hekura* halten Krankheiten fern, die durch feindliche Zauberei hervorgerufen wurden, und werden ausgeschickt, um die Seelen von Feinden zu verspeisen.

Heilige und Heiler

Niemand weiß, wie es möglich ist, dass manche Menschen Krankheiten heilen können, indem sie einfach ihre Hände auf den Kranken legen. Doch schon immer hat es Heilige, Schamanen und Heiler gegeben, die diese Kraft besaßen. »Wunderheiler« (wie sie genannt werden) glauben, dass sie als Kanal für heilende Energien fungieren. Könnte es sein, dass Kranke sich selbst heilen, indem sie einfach glauben, dass sie geheilt sind? Sicherlich nicht, denn Heiler konnten auch schon kleine Babys behandeln.

Lorraine Ham, Wunderheilerin

Erstaunliche Tierheilerin

Nicky Provost, eine Französin, die in Devon (Großbritannien) lebt, besitzt eine außergewöhnliche Gabe. Obwohl sie keine ausgebildete Tierärztin ist, kann sie kranke Tiere heilen. Nicky hat bereits Hunden, Ratten, Kaninchen und sogar Schafen mit ihrem besonderen Talent geholfen. Durch intensive Konzentration, während sie ihre Hände über das kranke Tier bewegt, so sagt sie, leite sie heilende Energie dorthin, wo sie benötigt wird. Nicky glaubt, dass jeder die Fähigkeit zu heilen hat – man sich dessen bloß nicht bewusst ist.

Heilende Hände

Lorraine Ham ist eine Wunderheilerin aus West Yorkshire (Großbritannien). Wenn sie ihre Hände auf ihre Patienten legt, fühlen diese eine angenehme Wärme, die ihren Schmerz mindert. Lorraine hat das Gefühl, dass sie eine Art von Energie auf ihre Patienten überträgt. Möglicherweise hat sie etwas von ihrer heilenden Gabe von ihrem Ururgroßvater geerbt, der ein großer Kräuterspezialist und Heiler der Maori war.

Nicky Provost, Tierheilerin

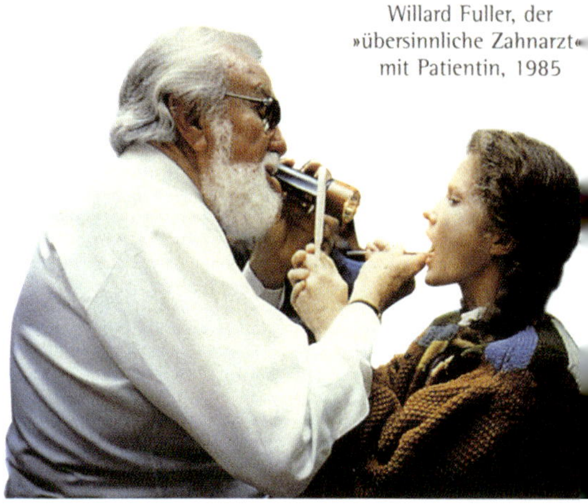

Willard Fuller, der »übersinnliche Zahnarzt« mit Patientin, 1985

Der übersinnliche Zahnarzt

Der frühere Baptistenpriester Willard Fuller, ein Amerikaner, entdeckte, dass er ein bemerkenswertes Talent zur Behandlung von Zahnproblemen mit rein geistigen Mitteln besaß. Er konnte scheinbar Füllungen und sogar neue Zähne im Mund von Patienten erscheinen lassen. Es gibt bereits an die 25.000 Menschen in den USA, die behaupten, dass sie die »wunderbare« Zahnbehandlung von Herrn Fuller erhalten hätten – dem »übersinnlichen Zahnarzt«.

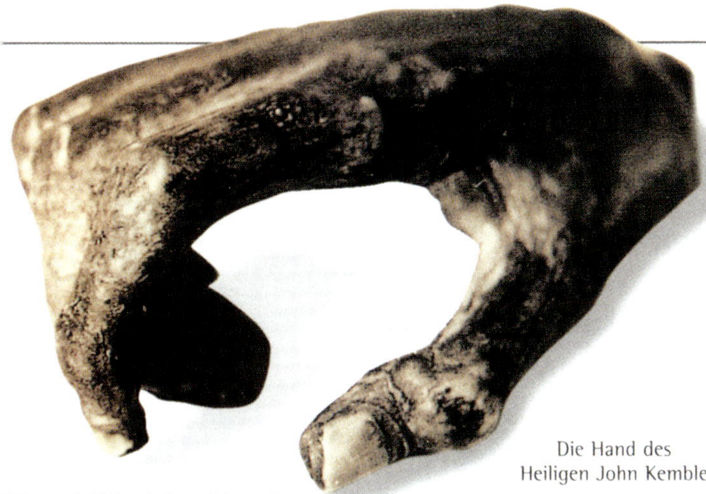

Die Hand des Heiligen John Kemble

Eine hilfreiche Hand

Eine heilige Reliquie rettete Pater Christopher Jenkins, der im Juli 1995 in Hereford (Großbritannien) einen Schlaganfall erlitt. Er war dem Tode nahe, als sein Assistent die mumifizierte Hand des Heiligen John Kemble auf seine Stirn legte, worauf sich Pater Jenkins rasch vom Koma erholte.

Der Körper, der nicht verwest

Die Heilige Bernadette, deren Vision der Jungfrau Maria 1858 Lourdes (Frankreich) zu einem Wallfahrtszentrum machte, sieht aus, als ob sie soeben eingeschlafen wäre. Tatsächlich starb sie 1879, vor mehr als hundert Jahren. Ihre Leiche (siehe Fotografie unten) ist in Lourdes ausgestellt. Sie hat bislang dem Verfall getrotzt und ist intakt geblieben.

Spuren des Leids

Manche Menschen, so genannte Stigmatisierte, weisen Wunden an ihren Körpern auf, die den Leiden Christi bei der Kreuzigung gleichen. Diese Wunden nennt man Stigmata. Dazu gehören die Löcher, die von den Nägeln in den Händen und Füßen von Christus stammen, eine Speerwunde an der Seite und die Spuren der Dornenkrone auf seinem Kopf.

Gemälde des Künstlers Giotto: Der Heilige Franz erhält die Stigmata

Der erste Stigmatiker

Der Heilige Franz von Assisi soll 1224 der Erste gewesen sein, bei dem sich die Wunden der Stigmata gezeigt haben sollen. Während eines Gebets hatte er eine Vision von Jesus, und unmittelbar danach entwickelte er die Wundmale der Kreuzigung.

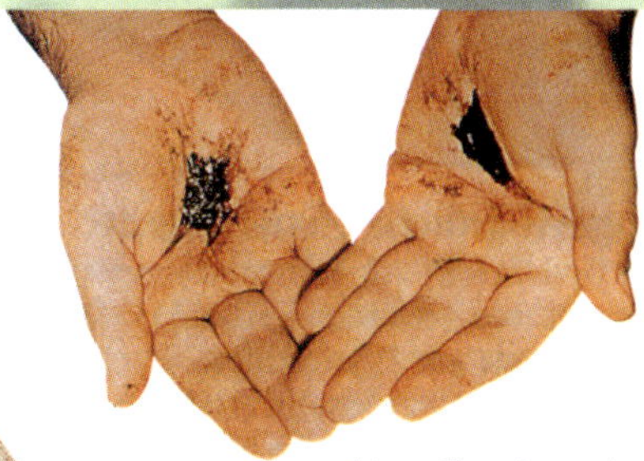

Herrn Bongiovannis Stigmata

Blutende Hände

Der Italiener Giorgio Bongiovanni erhielt seine Stigmata 1989 bei einem Besuch des Heiligen Schreins in Fatima (Portugal). Er behauptet, Visionen von Christus zu haben, und seine Wunden bluten fast täglich.

Tränen aus Blut

Teresa Neumann aus Bayern (Deutschland) trug ihre Stigmata über 30 Jahre lang, bevor sie 1962 starb. Ihre Wunden bluteten stets freitags, und sie weinte auch Tränen, in denen Blut enthalten war. Sie verlor bis zu einem halben Liter Blut auf einmal. Doch Teresa erholte sich stets und ihre Wunden waren immer bis Sonntag verheilt.

Teresa Neumann, Stigmatikerin

Nur mit dem Kopf

Versuchen Sie dieses einfache Experiment. Legen Sie einige kleine Papierstücke auf einen glatten Tisch. Starren Sie sie nun an und versuchen Sie, sie zu bewegen. Es ist überraschend, wie vielen Menschen dies gelingt, vor allem, wenn sie es eher entspannt als verkrampft versuchen. Psychokinese (PK) bedeutet, nur durch die Kraft der Gedanken Dinge zu bewegen. PK erklärt auch, wie Menschen mit ihrem Geist Fotoaufnahmen machen können.

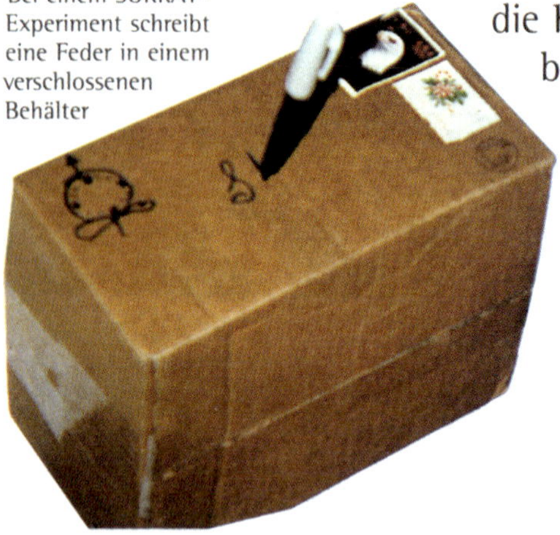

Bei einem SORRAT-Experiment schreibt eine Feder in einem verschlossenen Behälter

Ungewöhnliche Experimente
Die Gesellschaft zur Erforschung von Rapport und Telekinese (SORRAT) führt Experimente zur Psychokinese durch. Im Hauptquartier in Missouri (USA) besitzt SORRAT Aufzeichnungen über Experimente, bei denen Objekte sogar in verschlossenen Glasbehältern durch Geisteskraft bewegt werden konnten.

Stanislawa Tomcyzk heb eine Schere i die Luft

Geheimnisvolle Bewegungen
Stanislawa Tomcyzk, ein polnisches Medium, entdeckte ihre außergewöhnlichen Gaben 1909. Sie konnte nicht nur Objekte schweben lassen, sondern auch eine in einem Glaskasten versiegelte Uhr anhalten. Der Psychologe Dr. Ochorowicz untersuchte ihre Kräfte und war überzeugt von deren Echtheit.

Haben Sie übersinnliche Fähigkeiten?

Ein Wissenschaftler namens Dr. Karl Zener von der Duke University in North Carolina (USA) entwarf in den 20er Jahren einen Satz Karten zum Testen parapsychologischer Kräfte. Die als Zener-Karten bekannten Karten zeigen fünf unterschiedliche Motive – Kreis, Kreuz, Quadrat, drei Wellenlinien und einen Stern. In jedem Kartensatz befinden sich jeweils fünf von jeder Sorte. Sie können sie selbst herstellen und sich von einem Freund testen lassen. Wenn Sie erraten, welche fünf von den 25 Karten Ihr Freund ansieht, sind Sie vielleicht übersinnlich begabt.

Die Symbole auf den Zener-Karten sind kla und können nicht leicht verwechselt werden.

»Die Symbole erschienen in meinem Geist.«

Maria da Silva, Studentin der Psychokinese

Kirlian-Fotografie

Professor Semyon Kirlian behauptete, er könne die »Lebenskraft« in allen lebendigen Dingen fotografieren. Bei dieser Methode wird Starkstrom durch zwei Metallplatten geleitet, wobei auf einer davon ein fotografischer Film angebracht ist. Als Ergebnis zeigt sich eine glühende »elektrische Aura« rund um Objekte.

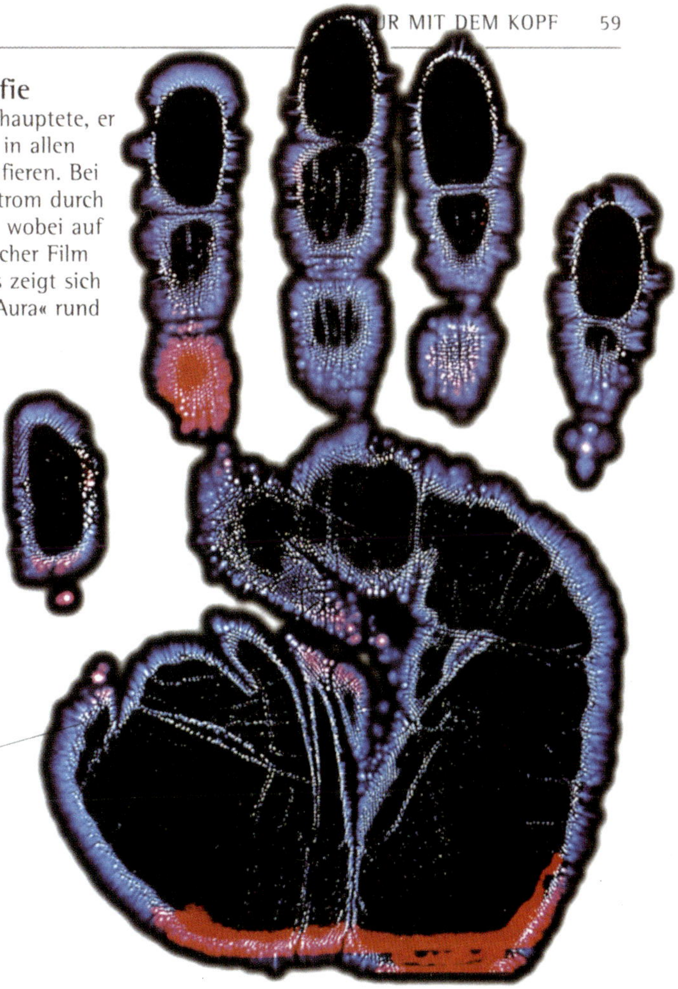

Lichtschimmer an den Rändern der Hand

Eine Kirlian-Fotografie

Eine Aura :rscheint als leuchtender Hof

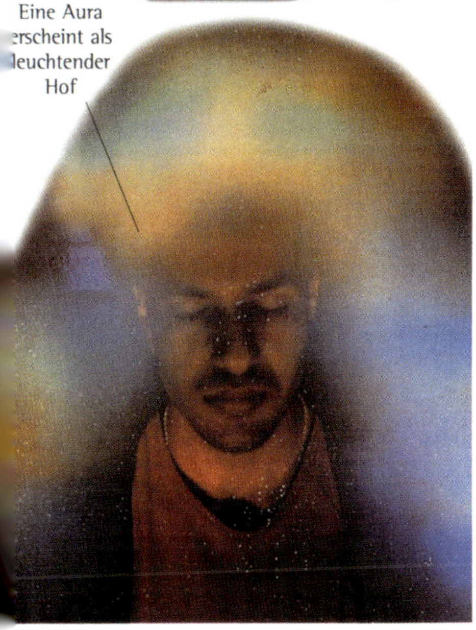

Fotografie einer Aura

)ie Aura sehen

ˈbersinnlich Begabte behaupten, eine Art ichtschein rund um alle Lebewesen zu sehen sie nennen ihn Aura. Für gewöhnliche lenschen ist er üblicherweise nicht sichtbar. lanche Fotografen meinen, die Aura mit ihrer amera eingefangen zu haben. Sie erscheint als Volke von bunten Lichtern um den Kopf.

Gedankenfotografie

Ted Serios, ein Liftboy in einem Hotel in Chicago (USA), wurde von einem Freund hypnotisiert und entdeckte, dass er über ein großartiges Talent verfügt. Wenn er in eine Kamera starrte, konnte er allein mit der Kraft seiner Gedanken Fotos von Dingen produzieren, wie etwa vom Petersdom in Rom (Italien), vom Big Ben in London (Großbritannien) oder von einem Neandertaler. Diese Fähigkeit ist auch als »Gedankenfotografie« bekannt. Serios wurde in den 60er Jahren wissenschaftlich getestet und seine Aufnahmen sorgfältig untersucht. Doch niemand konnte herausfinden, wie er seine erstaunlichen »Gedankenbilder« herstellen konnte.

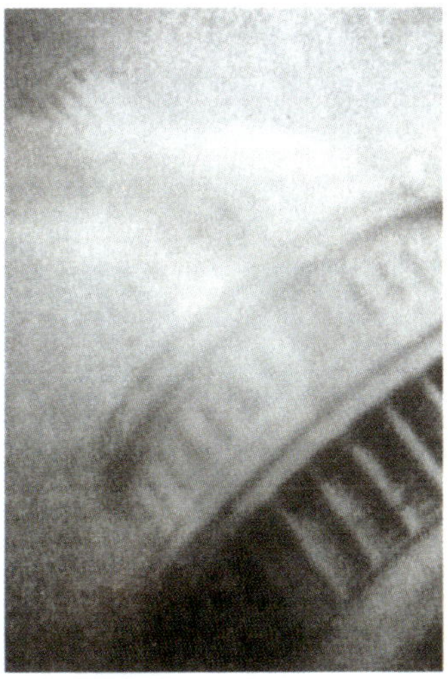

Serios' »Gedankenfoto«, aufgenommen 1962, zeigt das Capitol in Washington, D. C. (USA)

Serios benutzt eine Polaroid-Kamera

Wie Serios arbeitet

Serios studiert zunächst ein Foto. Um das Bild auf den Film in der Kamera zu transferieren, späht er durch eine Röhre aus Karton, die er »Gismo« nennt, auf die Linse.

Seltsame Persönlichkeiten

Wir wissen so wenig über den menschlichen Geist. Die Existenz von multiplen Persönlichkeiten – wenn zwei oder mehr Menschen in einem Körper leben – entzieht sich unserem Verstand. Ebenso sind uns eineiige Zwillinge, die scheinbar dieselben Gedanken haben, ein Rätsel. Und was ist mit diesen »Paranormalen«, die anscheinend allein mit ihrem Geist Verbrechen aufklären können? Der menschliche Geist ist ebenso unergründlich wie die Tiefen der Ozeane.

Die Macht der Hypnose

Ein Hypnotiseur kann Menschen in Trance versetzen, indem er sie in einen tiefen Entspannungszustand bringt. In diesem Stadium sind sie für Beeinflussungen zugänglich und es gelingt ihnen etwa das Rauchen aufzugeben, Schmerzen auszuschalten oder sogar zu lernen, gelähmte Gliedmaßen zu bewegen. Wie funktioniert Hypnose? Alles, was wir wissen, ist, dass der Hynotiseur den »gewöhnlichen« Teil des Verstandes in den Schlaf schickt, während ein tieferer und mächtigerer Teil wach bleibt und kleine Wunder vollbringt.

Szene aus *Mary Shelleys Frankenstein* (1996)

Neues Leben aus altem Fleisch

Der Traum, aus toter Materie neues Leben zu erschaffen, hat die Menschheit seit Jahrhunderten fasziniert. 1816 verwendete Mary Shelley diese Vorstellung in ihrem berühmten Roman *Frankenstein*. In dieser Geschichte kreiert ein Wissenschaftler ein Monster, als er versucht, einen Menschen aus totem Fleisch zu schaffen.

Irene Reid und Jeanette Hamilton, eineiige Zwillinge

Zwillinge

Eineiige Zwillinge, die bei der Geburt getrennt wurden und sich Jahre später wieder trafen, entdecken häufig, dass sie vieles gemeinsam haben. Genauso, wie sie sich ähnlich sehen, könnten sie die gleichen Vorlieben und Abneigungen teilen, dieselben Verhaltensweisen an den Tag legen und an denselben Krankheiten leiden. Jeanette Hamilton und Irene Reid, nach 33 Jahren vereint, hatten dieselbe Angst vor Gewässern und Höhen.

Ein Hypnotiseur findet den versteckten Teil des Verstandes

Wunderkinder

1981 erhielt Ruth Lawrence im Alter von zehn Jahren ein Mathematikstipendium an der Oxford-Universität (Großbritannien) und galt als die brillianteste Mathematikstudentin, die Großbritannien jemals gesehen hatte. Die meisten der anderen 500 Bewerber waren fast doppelt so alt wie sie.

Ruth Lawrence bei ihrer Graduierung

Gerard Croiset, parapsychologischer Detektiv

Parapsychologischer Detektiv

Der Holländer Gerard Croiset war dafür berühmt, dass er Verbrechen aufklärte und vermisste Personen aufspürte, insbesondere Kinder. Er tat dies, indem er eine Fotografie ansah oder indem er etwas hielt, das der Person gehörte. Das ermöglichte ihm, deren Aufenthaltsort zu spüren.

Der Fall Doris Fischer

1892, als sie drei Jahre alt war, erlitt Doris Fischer ein schweres Trauma und spaltete sich in zwei Persönlichkeiten. Ihr »zweites Selbst« war ein boshaftes Mädchen namens Margaret, die ihren Körper ohne ihr Wissen übernehmen konnte und endlose Probleme verursachte. Im Alter von 17 Jahren tauchte eine weitere Persönlichkeit namens »kranke Doris« auf. Margaret mochte diese Persönlichkeit nicht und wurde Doris gegenüber aggressiv, attackierte sich selbst und verletzte sich auch. Ein Psychologe namens Walter Franklin Prince studierte den Fall und konnte die anderen Persönlichkeiten von Doris schließlich dazu überreden, fortzugehen.

Die echte Doris

Die Persönlichkeit namens Margaret singt ihren Puppen vor

Ein Blick ins Jenseits

Ein Medium kann man sich wie eine Art »menschliches Funkgerät« vorstellen, durch das die Toten mit uns sprechen können. Die meisten Medien gehen in Trance, wenn sie mit den Geistern Kontakt aufnehmen. Andere verwenden ein Ouija-Brett, um Fragen an tote Verwandte zu stellen. Manche Medien schreiben Botschaften der Toten direkt auf, ein Vorgang, der als »automatisches Schreiben« bekannt ist. Manchmal wird auf diese Weise auch Musik empfangen.

Die Verwendung eines Ouija-Brettes

Auf einem Ouija-Brett sind die Buchstaben des Alphabets am Rand notiert. Um das Brett herum sitzen mehrere Menschen, die ihre Finger auf einen gläsernen Anzeiger legen. Falls das Glas sich zu bewegen beginnt, können die »Beisitzer« rund um den Tisch Fragen an den »Geist« stellen. an Das Glas bewegt sich von Buchstabe zu Buchstabe und setzt daraus eine Antwort zusammen, manchmal so schnell, dass die Beisitzer nur schwer ihre Finger auf dem Glas halten können. »Ouija« setzt sich aus zwei Worten zusammen: »oui« (französisch für »ja«) und »ja« (deutsch).

Doris Stokes, ein berühmtes Medium

» Der Tod ist nichts ... Ich bin nur in den nächsten Raum geschlüpft. «

Ein Mädchen namens »Mandy«, das durch Doris Stokes gesprochen hat

Stimmen hören

Doris Stokes war eine »Hellhörerin« – sie hörte die Stimmen der Toten. Sie entdeckte diese Gabe im Zweiten Weltkrieg, als sie erfuhr, dass ihr Ehemann John gefallen sei. Die Stimme ihres toten Vaters sagte Doris, dass John noch am Leben sei – und erstaunlicherweise kehrte John zurück. Doris, die aus London (Großbritannien) stammte, war für ihre Fähigkeit berühmt, den Menschen, die sie aufsuchten, Botschaften ihrer toten Verwandten zu überbringen.

Psychometrie

Manche Menschen können die Geschichte eines Objektes, das sie in der Hand halten, »fühlen«. Die außergewöhnliche Fähigkeit nennt man Psychometrie. Ein guter Psychometriker kann zum Beispiel eine römische Vase in der Hand halten und dann das Haus, aus dem sie stammt, oder ihre verschiedenen Besitzer beschreiben .

Peter Nelson, US-Psychometriker, »spürt« die Geschichte eines antiken Kruges

Geschichte spüren

Medaillons und andere persönliche Gegenstände eignen sich gut als Ausgangsmaterial für Psychometrie, weil sie ihren Besitzern sehr nahe waren und etwas von deren Geschichte »absorbiert« haben.

Gold-medaillon

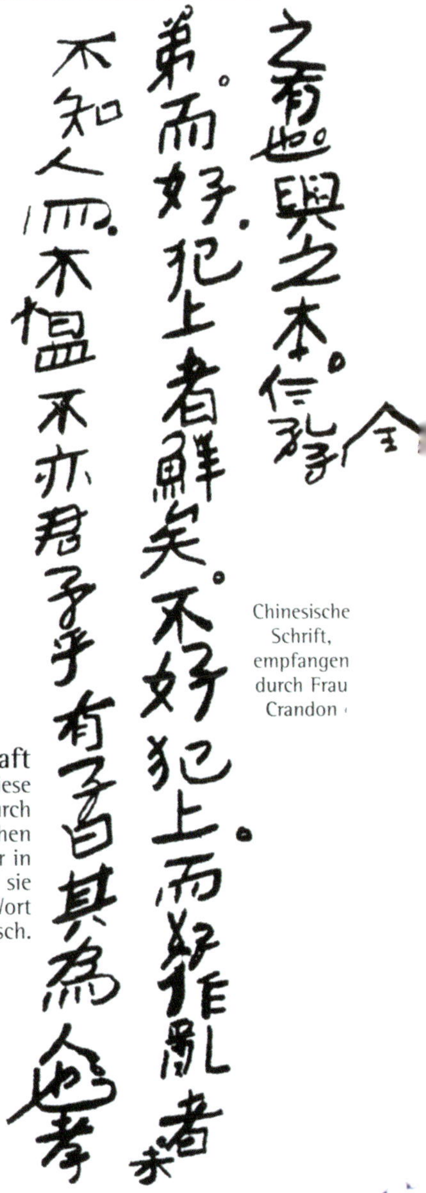

Chinesische Schrift, empfangen durch Frau Crandon

Chinesische Botschaft

Das US-Medium Mina (Margery) Crandon empfing diese chinesischen Aufzeichnungen (rechts) durch automatisches Schreiben. Sie sollen vom chinesischen Philosophen Konfuzius stammen, sind aber in modernem Chinesisch geschrieben. Trotzdem sind sie bemerkenswert, denn Margery kannte zuvor kein Wort Chinesisch.

» Einer der verblüffendsten Fälle der Geschichte. «

Hereward Carrington, parapsychologischer Ermittler

Beisitzer um ein Ouija-Brett

Musikübertragung

Rosemary Brown aus London (Großbritannien) ist ein sehr ungewöhnliches Medium. Wenn sie am Klavier sitzt, ergreifen tote Komponisten wie Liszt, Chopin, Beethoven und Mozart von ihr Besitz und verwenden sie als Sprachrohr für ihre Arbeit. Sie schreibt die Musik, die ihr von diesen Komponisten diktiert wurde, nieder. Rosemary spielt mittelmäßig Klavier, doch wenn sie überträgt, spielt sie mit einem Geschick, das weit über ihre normalen Fähigkeiten hinausgeht.

Rosemary Brown hat mehr als 400 Kompositionen übertragen

Teil einer von Chopin empfangenen Mazurka

Den Körper verlassen

Religionen lehren, dass wir eine Seele haben (oder einen Geist), die den Körper verlässt, wenn wir sterben. Wenn das so ist, warum sollte die Seele dann nicht den Körper verlassen und zurückkehren können, während wir noch am Leben sind? Manche Menschen behaupten, sie könnten ihren Körper verlassen und sogar ferne Orte aufsuchen, um zu sehen, was dort vor sich geht. Regierungen haben medial begabte Personen bereits darauf traininert, auf diese Weise militärische Geheimnisse aufzudecken.

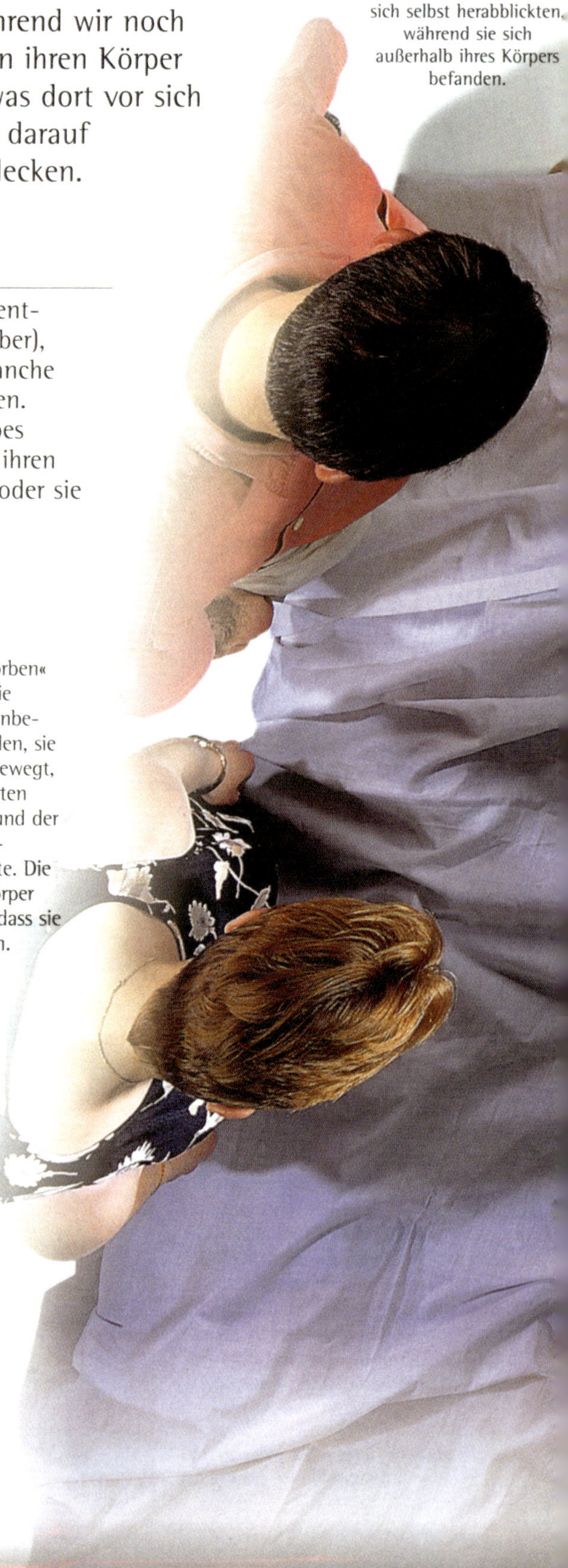

Manche Menschen beschrieben, dass sie auf sich selbst herabblickten, während sie sich außerhalb ihres Körpers befanden.

Reisen ausserhalb des Körpers

Tausende Menschen haben beschrieben, wie sie aus ihrem Körper entschwebt sind, manche während einer Krankheit (vielleicht mit Fieber), manche im Krankenhaus unter dem Einfluss von Anästhetika und manche während sie einfach nur entspannt dalagen. Während sie sich außerhalb ihres Leibes befinden, können diese Menschen ihren Körper sehen, häufig von oben, oder sie können ferne Orte »besuchen«.

Viele sehen bei einer Todeserfahrung einen Tunnel, an dessen Ende ein wunderschöner Garten liegt

Todeserfahrungen

Viele Menschen sind scheinbar »gestorben« und dann ins Leben zurückgekehrt. Sie beschreiben, sie würden sich seltsam unbeschwert und glücklich fühlen. Sie erzählen, sie hätten sich durch einen langen Tunnel bewegt, an dessen Ende sich ein Licht oder ein Garten befand. Tote Verwandte können erscheinen und der Person erzählen, dass ihre Zeit noch nicht gekommen sei und dass sie zurückkehren müsste. Die meisten Menschen kehren freudig in ihren Körper zurück, doch nach dem Erwachen sagen sie, dass sie nie wieder Angst vor dem Tod haben werden.

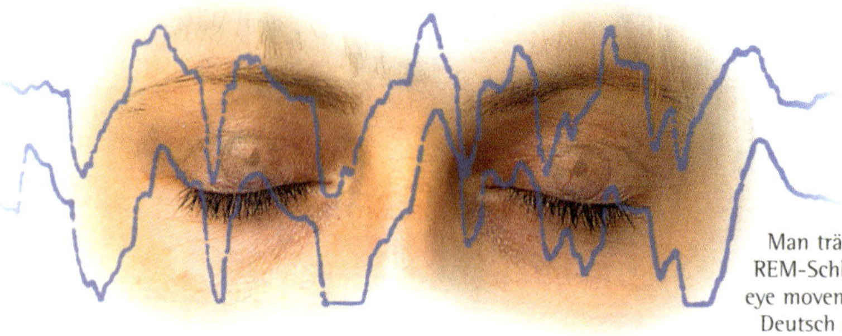

Man träumt im REM-Schlaf (rapid eye movements, auf Deutsch schnelle Augenbewegungen)

Träume können wahr werden

In Träumen sehen wir uns oft in Situationen, die uns zugleich vertraut und unbekannt sind. Manche Menschen glauben, dass man etwas, das man ändern möchte, absichtlich träumen kann. Dass Sie zum Beispiel, wenn Sie davon träumen, ein Examen erfolgreich zu bestehen, auch tatsächlich besser abschneiden; oder Sie sich, wenn Sie davon träumen, glücklich zu sein, beim Aufwachen tatsächlich so fühlen.

»Ich fühlte plötzlich, wie ich gegen die Decke stieß und auf meinen eigenen Körper herabblickte.«

D. H. Lawrence,
britischer Schriftsteller

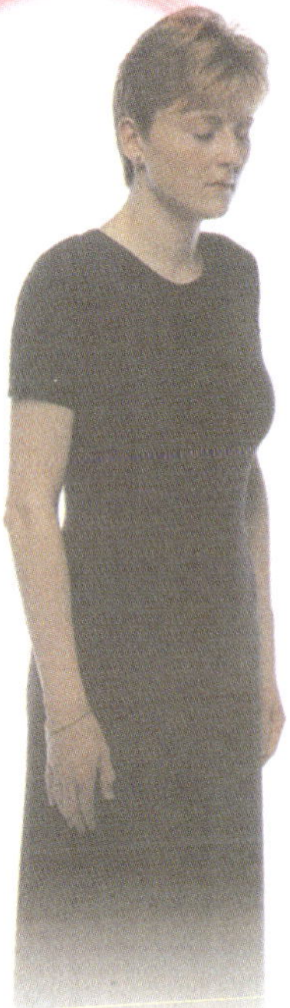

Astralprojektion

Manche Menschen glauben, sie könnten ihren Körper nach Belieben verlassen. Einige »Astralprojektoren«, wie die Amerikaner Sylvan Muldoon und Robert Monroe, haben Bücher darüber verfasst, in denen sie beschreiben, wie man dabei vorgeht. Jene, die an Astralreisen glauben, erklären, dass der Mensch einen Astralleib besitzt, der eine exakte Kopie des physischen Körpers ist. Er existiert nur in einer anderen Dimension oder »Astralebene«. Im Tode trennt sich der Astralleib für immer vom physischen Leib.

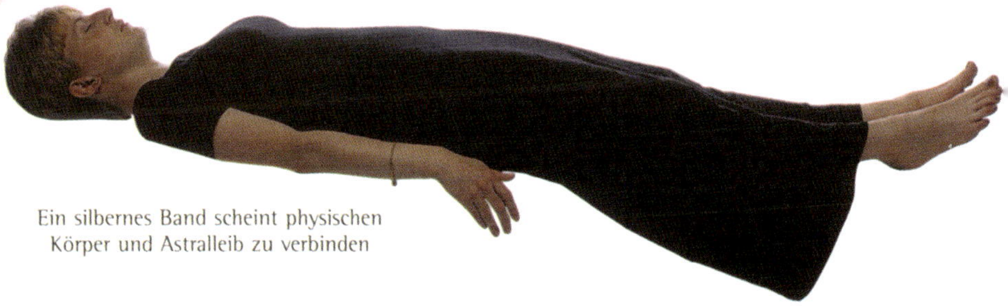

Ein silbernes Band scheint physischen Körper und Astralleib zu verbinden

Erinnerung an frühere Leben

Reinkarnation bedeutet Wiedergeburt. Indizien, die die Vorstellung von der Wiedergeburt untermauern, stammen von Menschen, die sich unter Hypnose an frühere Leben erinnern. Manchmal beschreiben sie eine überzeugende Menge an Details. Es kann jedoch sein, dass sie Informationen wiedergeben, die sie vor langer Zeit gelesen, jetzt aber vergessen haben.

Um den Blarney-Stein in Irland zu küssen, musste man kopfüber hängen

Bridey Murphy

Die Amerikanerin Virginia Tighe wurde 1952 hypnotisiert und erinnerte sich an Details aus ihrem Leben um 1700 in Irland, als jemand namens Bridey Murphy. Sie erklärte sogar, wie man den Blarney-Stein küssen musste.

Hexenpamphlet

Hexenprozess

Unter Hypnose beschrieb eine Frau namens Jan, wie sie der Hexerei angeklagt wurde. Die Details des Prozesses dürfte sie unbewusst einem Pamphlet entnommen haben.

DIE ZEICHEN ERKENNEN

Können zufällige Ereignisse – wie das Wenden einer Karte oder die Konstellation der Sterne bei Ihrer Geburt – Ihre Zukunft vorhersagen? Wahrsager und Kartenleser verwenden Kristallkugeln, Wurfstäbchen oder Karten, um die Zukunft zu enthüllen. Die Antworten, die sie finden, könnten weiterer Interpretation bedürfen, etwa durch ein Buch wie das chinesische *I Ging* oder durch den Betroffenen selbst.

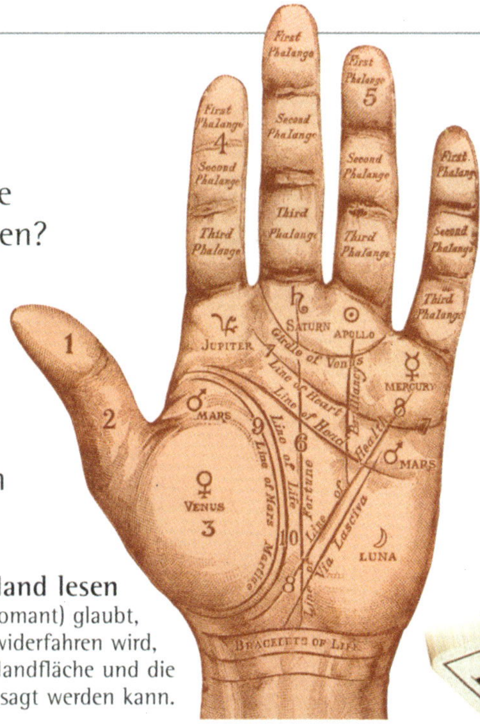

Aus der Hand lesen
Der Handleser (oder Chiromant) glaubt, dass alles, was Ihnen widerfahren wird, durch die Linien in Ihrer Handfläche und die Form Ihrer Hände vorhergesagt werden kann.

Linien und Bereiche für das Handlesen

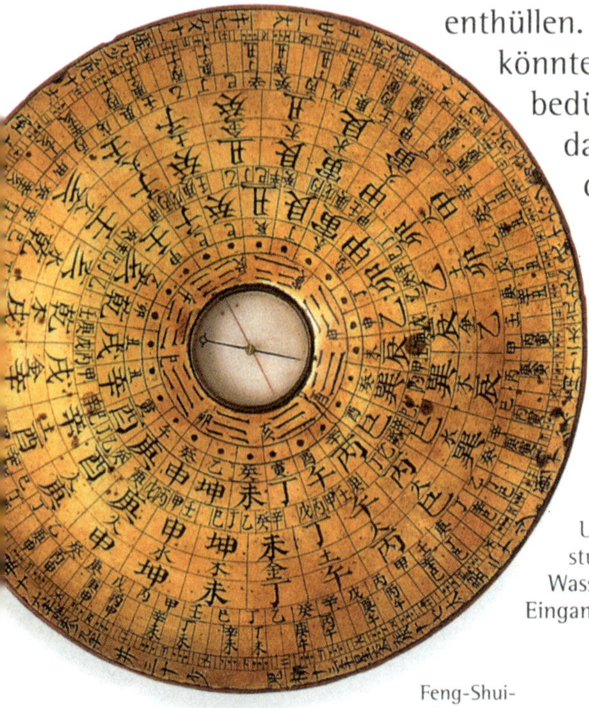

Die Kunst des Feng Shui
Die alte chinesische Kunst des Feng Shui beruht auf einem Leben in Harmonie mit der Umgebung. Mittels eines Feng-Shui-Kompasses studiert ein Experte Elemente wie Wind und Wasser und schlägt dann die besten Plätze für die Eingangstüre und das Bett vor.

Feng-Shui-Kompass

TAROTKARTEN

Spätestens seit dem 15. Jahrhundert waren Tarotkarten in Europa eine der beliebtesten Arten, die Zukunft vorherzusagen. Jede Karte trägt ein Bild, wie etwa den »Narr« oder die »Liebenden«. Die Karten müssen gemischt, mit der Bildseite nach unten aufgelegt und dann eine nach der anderen umgedreht werden, bevor man daraus »lesen« oder sie interpretieren kann.

Französische Tarotkarten

Ein Dogon-Priester bei einer Wahrsage-Zeremonie

Dogon-Hellseher
Wenn jemand an einen Priester des Dogon-Stammes in Mali (Westafrika) mit einem Problem herantritt, verwendet er Kolanüsse, um herauszufinden, was die Person tun muss. Er gibt die Kolanüsse rasch von einer Hand in die andere und skizziert ein Muster im Staub auf einem Tablett. Jedes Muster entspricht einem heiligen Gedicht, das der Hellseher für den Klienten rezitiert, damit dieser es interpretieren kann.

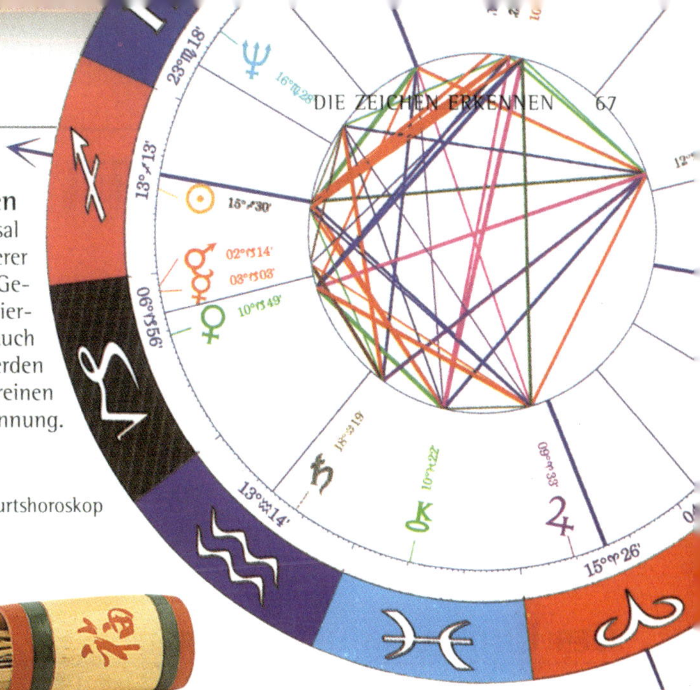

Es steht in den Sternen

Astrologen glauben, dass Charakter und Schicksal von den Positionen der Planeten bei unserer Geburt beeinflusst werden. Sie zeichnen ein Geburtshoroskop, das die Planeten in den zwölf Tierkreiszeichen (wie Löwe oder Schütze) zeigt. Auch die Winkel (Aspekte) zwischen den Planeten werden von Astrologen interpretiert: Konjunktionen vereinen planetare Energien, Oppositionen erzeugen Spannung.

Am Computer erstelltes Geburtshoroskop

Wurfstäbchen sieht man oft in chinesischen Tempeln

Ein glücklicher Wurf

Wurfstäbchen wie die oben abgebildeten benutzen den Zufall, um die Zukunft vorherzusagen. Auf den Stäbchen sind geheimnisvolle Bemerkungen aufgemalt, zu deren Interpretation man ein Buch benötigt.

» So etwas wie Zufall gibt es nicht – alles hängt vom himmlischen Willen ab. «

Konfuzius

Ein Blick in die Kristallkugel

Manche Menschen verfallen in eine leichte Trance, wenn sie in eine Kristallkugel starren. Dann setzen sie übersinnliche Fähigkeiten ein, um zu sehen, was in der Zukunft passieren wird. In aller Welt gelten Kristalle als heilig. Man schreibt ihnen besondere heilende Kräfte zu.

Hamish Miller, Rutengänger, in Cornwall (Großbritannien)

Den Weg spüren

Wünschelrutengänger arbeiten mit einem gegabelten Haselnusszweig oder zwei Metallruten in ihren Händen. Die Ruten biegen sich (oder schwingen auseinander), um die Präsenz von Wasseradern oder »Erdkräften« anzuzeigen. Durch Rutengehen kann man auch elektrische Kabel oder archäologische Überreste lokalisieren. Gelegentlich lässt ein Rutengeher ein Pendel über einem Plan schwingen, um mit dieser Methode Wasser, antike Siedlungen oder sogar Bodenschätze zu entdecken.

Manche Medien sehen Bilder in Kristallkugeln

In die Zukunft sehen

In die Zukunft zu sehen sollte natürlich unmöglich sein, weil die Zukunft noch vor uns liegt. Doch tausende Menschen haben »Vorahnungen« erlebt und einen flüchtigen Blick auf das, was kommen wird, erhascht. Ist die Zeit nur eine Art von Illusion? Bewegt sie sich nur in eine Richtung? Ist die Zukunft bereits passiert, wie eine CD, deren »Zukunft« bereits auf dem Datenträger existiert?

Pferde beim Derby in Epsom Downs, Surrey (Großbritannien)

Im Traum gewonnen

Am 31. Mai 1933 erwachte John Williams aus einem Traum vom Pferderennen, das an diesem Tag stattfinden sollte. In seinem Traum hörte er die Namen der ersten vier Pferde, doch er erinnerte sich nur an die ersten zwei – Hyperion und King Salmon. An diesem Tag gewannen diese beiden Pferde, genauso, wie er geträumt hatte. Williams aber hatte nicht in diesem Rennen gesetzt – er hielt nichts vom Wetten.

Der Untergang der *Titanic*

Das Luxusschiff *Titanic* sank am 15. April 1912, als es auf seiner Jungfernfahrt von Großbritannien nach Amerika einen Eisberg rammte. Eine Passagierin, Frau Hart, hatte eine Vorahnung. Sie hatte das Gefühl, dass ein Schiff, das für »unsinkbar« erklärt worden war, das Unglück anziehen musste. Frau Hart ging nur unwillig an Bord und war jede Nacht voll gekleidet bereit für die Katastrophe. Als sie schließlich eintraf, war sie imstande, sich und ihre Tochter Eva zu retten. Ihr Ehemann ertrank.

Die *Titanic* sank 1912 im Atlantischen Ozean

Register

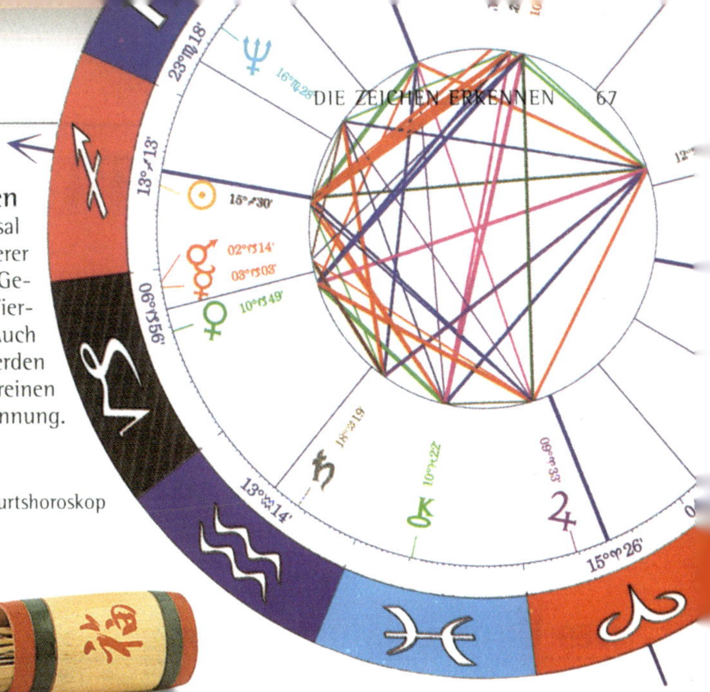

Es steht in den Sternen

Astrologen glauben, dass Charakter und Schicksal von den Positionen der Planeten bei unserer Geburt beeinflusst werden. Sie zeichnen ein Geburtshoroskop, das die Planeten in den zwölf Tierkreiszeichen (wie Löwe oder Schütze) zeigt. Auch die Winkel (Aspekte) zwischen den Planeten werden von Astrologen interpretiert: Konjunktionen vereinen planetare Energien, Oppositionen erzeugen Spannung.

Am Computer erstelltes Geburtshoroskop

Wurfstäbchen sieht man oft in chinesischen Tempeln

Ein glücklicher Wurf

Wurfstäbchen wie die oben abgebildeten benutzen den Zufall, um die Zukunft vorherzusagen. Auf den Stäbchen sind geheimnisvolle Bemerkungen aufgemalt, zu deren Interpretation man ein Buch benötigt.

» So etwas wie Zufall gibt es nicht – alles hängt vom himmlischen Willen ab. «

Konfuzius

Ein Blick in die Kristallkugel

Manche Menschen verfallen in eine leichte Trance, wenn sie in eine Kristallkugel starren. Dann setzen sie übersinnliche Fähigkeiten ein, um zu sehen, was in der Zukunft passieren wird. In aller Welt gelten Kristalle als heilig. Man schreibt ihnen besondere heilende Kräfte zu.

Hamish Miller, Rutengänger, in Cornwall (Großbritannien)

Manche Medien sehen Bilder in Kristallkugeln

Den Weg spüren

Wünschelrutengänger arbeiten mit einem gegabelten Haselnusszweig oder zwei Metallruten in ihren Händen. Die Ruten biegen sich (oder schwingen auseinander), um die Präsenz von Wasseradern oder »Erdkräften« anzuzeigen. Durch Rutengehen kann man auch elektrische Kabel oder archäologische Überreste lokalisieren. Gelegentlich lässt ein Rutengeher ein Pendel über einem Plan schwingen, um mit dieser Methode Wasser, antike Siedlungen oder sogar Bodenschätze zu entdecken.

In die Zukunft sehen

In die Zukunft zu sehen sollte natürlich unmöglich sein, weil die Zukunft noch vor uns liegt. Doch tausende Menschen haben »Vorahnungen« erlebt und einen flüchtigen Blick auf das, was kommen wird, erhascht. Ist die Zeit nur eine Art von Illusion? Bewegt sie sich nur in eine Richtung? Ist die Zukunft bereits passiert, wie eine CD, deren »Zukunft« bereits auf dem Datenträger existiert?

Pferde bei Derby in Epso Downs, Surrey (Großbritannien

Im Traum gewonnen

Am 31. Mai 1933 erwachte John Williams aus einem Traum vom Pferderennen, das an diesem Tag stattfinden sollte. In seinem Traum hörte er die Namen der ersten vier Pferde, doch er erinnerte sich nur an die ersten zwei – Hyperion und King Salmon. An diesem Tag gewannen diese beiden Pferde, genauso, wie er geträumt hatte. Williams aber hatte nicht in diesem Rennen gesetzt – er hielt nichts vom Wetten.

Der Untergang der *Titanic*

Das Luxusschiff *Titanic* sank am 15. April 1912, als es auf seiner Jungfernfahrt von Großbritannien nach Amerika einen Eisberg rammte. Eine Passagierin, Frau Hart, hatte eine Vorahnung. Sie hatte das Gefühl, dass ein Schiff, das für »unsinkbar« erklärt worden war, das Unglück anziehen musste. Frau Hart ging nur unwillig an Bord und war jede Nacht voll gekleidet bereit für die Katastrophe. Als sie schließlich eintraf, war sie imstande, sich und ihre Tochter Eva zu retten. Ihr Ehemann ertrank.

Die *Titanic* sank 1912 im Atlantischen Ozean

Register

Michel de Notredame, auch bekannt als Nostradamus, starb 1566

Nostradamus

Nostradamus, geboren 1503, war ein französischer Arzt und Astrologe, der imstande schien, die Zukunft vorherzusagen. Seine berühmten Prophezeiungen, jede als Vierzeiler verfasst, sind besonders geheimnisvoll, weil er Angst hatte, als Hexer verbrannt zu werden. Er sagte viele historische Ereignisse voraus, einschließlich des großen Brandes von London, 1666, und der Französischen Revolution 1789. Er sagte jedoch auch voraus, dass im Juli 1999 »der große König des Terrors vom Himmel herabsteigen wird«. Nachdem nichts passiert ist, können wir sicher behaupten, dass Nostradamus widerlegt worden ist.

James Dean

Das Wrack des Wagens, in dem James Dean starb

James Deans Tod

Der berühmte amerikanische Schauspieler James Dean zeigte seinem Kollegen Alec Guinness am 23. September 1955 seinen neuen Sportwagen, einen silberfarbenen Porsche 550 Spyder. Guinness hatte eine plötzliche Vorahnung von dem Unglück. Er sagte zu Dean, dass er innerhalb einer Woche tot sein würde, wenn er diesen Wagen fuhr. Dean starb eine Woche später am 30. September in diesem Auto.

»Ich wusste nicht, dass es ein Eisberg war, aber ich wusste, dass es dieses ›Etwas‹ war.«

Frau Hart nach dem Untergang der *Titanic*

Zeichnung der Ermordung des britischen Premierministers, Spencer Perceval

Geheimnisvoller Mord

Am 3. Mai 1812 träumte ein ungenannter Mann aus Cornwall von der Ermordung des britischen Premierministers, Spencer Perceval. Seine Freunde rieten ihm, nichts zu sagen, weil man ihn sonst auslachen würde. Acht Tage später wurde Perceval im Unterhaus in London (Großbritannien) auf genau die Weise erschossen, wie der Mann aus Cornwall geträumt hatte.

Phänomene des Unbekannten

Vampire, Geister und Phantome

Inhalt

Einführung

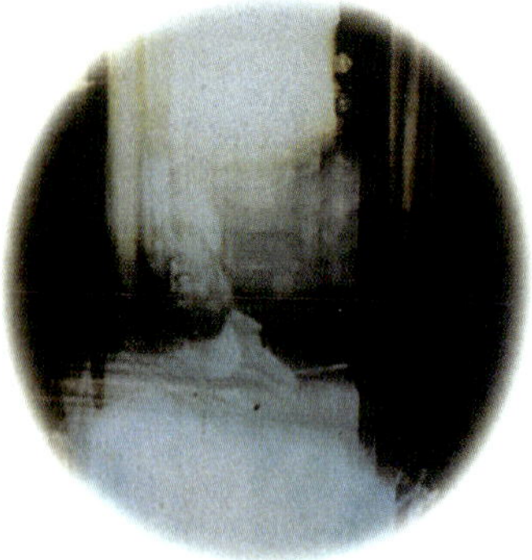

Eine geisterhafte Figur, die in den USA in einem Fernseher erschien

Ich habe erst ein Mal einen Geist gesehen. Ich hatte in einem Hause am Kensington Square in London (Großbritannien) in einem Zimmer geschlafen, in dem es spukte. Mitten in der Nacht erwachte ich und sah eine Gestalt an meinem Bett stehen. Sie hatte die Gestalt eines Menschen, schien aber aus orangefarbenen Funken zu bestehen. Bis heute weiß ich nicht genau, was ich damals eigentlich gesehen habe.

In jeder historischen Zivilisation hat man an ein Leben nach dem Tod geglaubt. In den verschiedensten Völkern nimmt man an, dass ein Gespenst der Geist eines Verstorbenen ist, der auf der Erde verbleibt, weil er vielleicht noch etwas zu erledigen hat oder nicht erkennt, dass er bereits tot ist, oder auch, weil der Geist in eine Tragödie verwickelt war. Borley Rectory in Großbritannien wurde offensichtlich von mehreren Geistern bewohnt. Nicht alle Geister sind unglücklich – viele Menschen haben freundliche Geister gesehen, die an einem bestimmten Ort spuken, weil sie damit viele glückliche Erinnerungen verbinden.

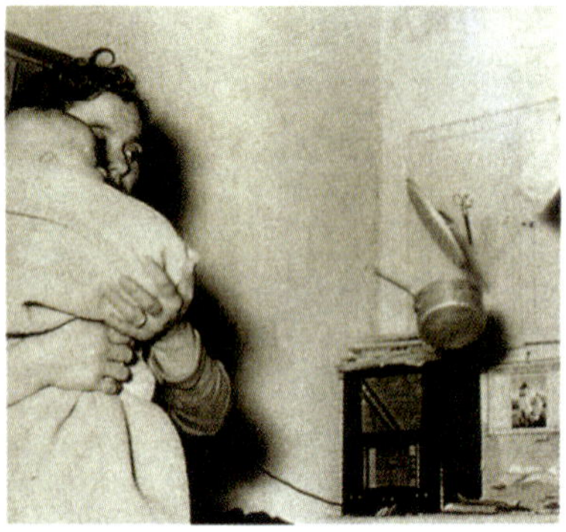

Poltergeist-Aktivität in einer italienischen Küche

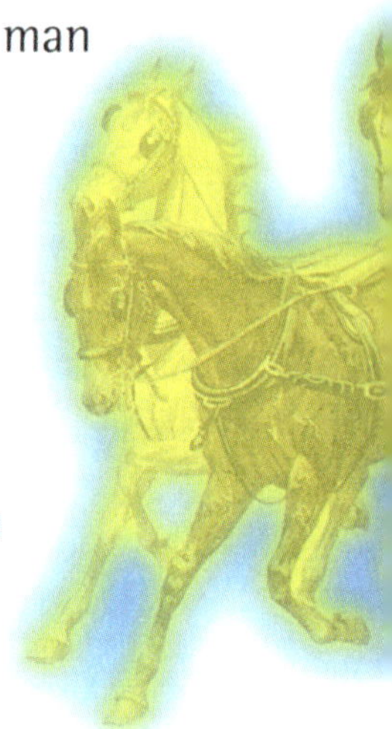

Geisterkutsche mit Pferden

Ich habe herausgefunden, dass es in Bezug auf Geister keine fixen Regeln gibt. Manche können nur von »feinfühligen« Menschen gesehen werden, andere nur mit der Kamera eingefangen werden. Bei vielen Erscheinungen handelt es sich um kürzlich Verstorbene, die scheinbar ihre Angehörigen davon unterrichten wollen, dass sie tot sind. Andere Formen von Geisteraktivitäten gleichen »Tonbandaufnahmen« von tragischen Ereignissen, die jahrhundertelang immer und immer wieder abgespielt werden.

Poltergeister, oder »laute Geister«, unterscheiden sich von anderen Phantomen dadurch, dass sie lebenden Personen Streiche spielen. In den meisten Fällen lebt in dem betreffenden Haus ein unglücklicher Teenager, und ich bin überzeugt davon, dass der Geist Energie von jungen Menschen »stiehlt«, um Schaden anzurichten.

Der Ziegensauger aus Puerto Rico

Eine Fotografie, die einen Engel zeigen könnte

Während Geister die bekanntesten Einwohner der übersinnlichen Welt darstellen, gibt es eine Fülle von anderen seltsamen Kreaturen mit schlechtem Ruf. Hunderte Augenzeugen berichten von Vampiren, Werwölfen und dem Ziegensauger aus Puerto Rico, die der Wissenschaft weiterhin Rätsel aufgeben.

Darüber hinaus behaupten viele Menschen, eine weitere Art von übernatürlichen Wesen gesehen zu haben – einen Engel, der sie vor einem Unglück bewahrte. Mit anderen Worten, Geister und übernatürliche Wesen sind nicht unbedingt beängstigend. Sie sind einfach nur verblüffend und, für Menschen wie mich, außerordentlich interessant.

Colin Wilson

Borley Rectory – das Haus, in dem es am meisten spukt?

Arten von Geistern

Die meisten Menschen denken, wenn sie sich einen Geist vorstellen, an eine Schrecken erregende Gestalt in weißen Leintüchern. Tatsächlich sehen Geister solide und normal aus und werden oft für reale Menschen gehalten. Es gibt viele verschiedene Arten von Geistern, einschließlich solchen, die jedes Jahr am gleichen Tag erscheinen, solchen, die ein bestimmtes Ereignis nochmals durchmachen, unheimliche »Doppelgänger« und sogar Erscheinungen lebender Personen.

»Die menschliche Persönlichkeit überlebt *tatsächlich* den körperlichen Tod.«

Professor H. Hart, Duke University (USA)

Krisenerscheinung

Die verbreitetste Art von Geistern sind die »Krisenerscheinungen«. Tausende Menschen hatten eine Erscheinung von einem nahen Verwandten im Augenblick von dessen Tod. Solche Geister können weit reisen und sind meistens gut sichtbar. Am 19. März 1917 fütterte Dorothy Spearman ihr Baby in einem Hotel in Kalkutta, als sie plötzlich bemerkte, dass sich ihr Halbbruder im Zimmer befand. Dann verschwand er. Später fand sie heraus, dass sein Flugzeug über Deutschland abgeschossen worden war, und zwar genau in jenem Augenblick, als er ihr erschienen war.

Die Frau ist beunruhigt durch den Anblick ihres Ehemannes, der sich weit weg befindet

Athenodorus sieht einen Mann in Ketten

Klassische Gespenstergeschichten

Das vertraute Bild eines ruhelosen Geistes, der in der Nacht umherirrt, findet sich bereits in der ältesten bekannten Gespenstergeschichte. Um 40 v. Chr. mietete der Philosoph Athenodorus ein Spukhaus in Athen (Griechenland). Als er das Geräusch rasselnder Ketten hörte und einen alten Mann sah, folgte ihm Athenodorus in den Garten. Plötzlich verschwand die Erscheinung. Als Arbeiter am nächsten Tag an dieser Stelle gruben, fanden sie ein Skelett in rostigen Ketten. Nachdem die Knochen ordentlich begraben worden waren, verschwand auch der Spuk.

Der Keller des Schatzhauses in York (Großbritannien)

Römische Tonbandaufnahmen?

Eine »Tonband«-Geistererscheinung ist die Wiederholung eines Ereignisses, das zu Lebzeiten des Geistes stattgefunden hat. Solche Geister reagieren niemals auf die Anwesenheit menschlicher Zeugen. 1953 sah Harry Martin im Schatzhaus in York (Großbritannien) eine Legion von römischen Soldaten, die sich seiner Anwesenheit offensichtlich nicht bewusst waren. Während die Geister vorbeimarschierten, schien sich die untere Hälfte ihrer Beine unter dem Boden zu befinden. Vielleicht waren ihre Beine deshalb teilweise verdeckt, weil die römische Straße tiefer gelegen hatte als der Kellerboden.

Der Ehemann tritt als Krisenerscheinung auf

Geisterjubiläen

Viele Geister erscheinen jedes Jahr am gleichen Tag und sind als »zyklische« Geister bekannt. Der Geist von Anna Boleyn, der zweiten Frau von König Heinrich VIII. von England, zeigt sich jedes Jahr am 24. Dezember in Hever Castle, dem Haus ihrer Kindheit in Kent (Großbritannien). Anna wurde geköpft und der Legende zufolge sieht man sie mit ihrem Kopf unter dem Arm. Viele Geister kehren am Tag ihres Todes zurück. Eine Erscheinung, die dem Filmstar Marilyn Monroe ähnelte, wurde 1962 am Tag ihres Todes, dem 4. August, gesehen.

Hever Castle in Kent (Großbritannien)

Ein Mann sieht seinen Doppelgänger

Der geisterhafte Doppelgänger

Doppelgänger

Viele Menschen haben ein geisterhaftes »Double« gesehen, das genauso wie sie selbst aussieht. Zarin Katharina von Russland sah ihre eigene Doppelgängerin auf ihrem Thron sitzen und befahl ihren Wachen, auf sie zu schießen. 1958 berichtete das Magazin *Fate* über einen jungen Mann namens Harold, der in Chicago (USA) lebte. Er sah seinen Doppelgänger stets, wenn er unter starker Migräne litt – er saß ihm am Tisch gegenüber und imitierte jede seiner Bewegungen.

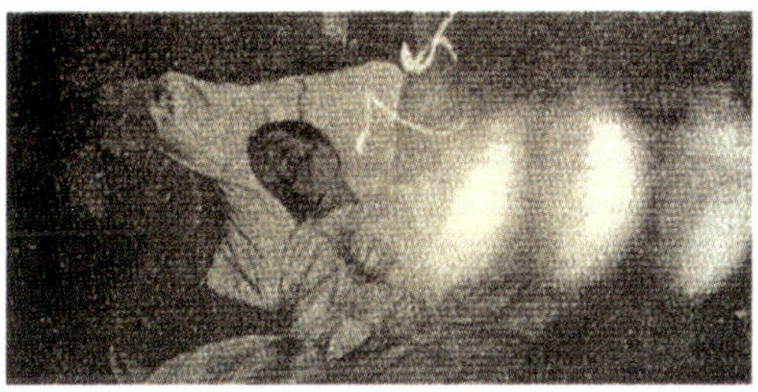

Nadine Baraduc, 15 Minuten nach ihrem Tod

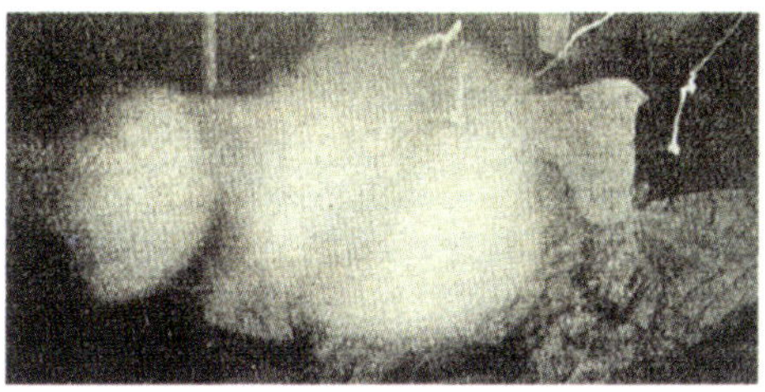

Nadine Baraduc, eine Stunde nach ihrem Tod

Die scheidende Seele?

Viele Spiritisten glauben, dass die Seele den Körper verlässt, wenn jemand stirbt, und dass sie nach dessen Tod weiterlebt. Seit fast einem Jahrhundert haben »Geisterfotografen« versucht, die Seele beim Verlassen des Körpers zu fotografieren. Manche Bilder zeigen eine nebelhafte Substanz über der sterbenden Person. Auf dem Bild, das 15 Minuten nach Nadine Baraducs Tod (links oben) aufgenommen wurde, kann man mehrere »Wellen« aus Materie erkennen. Es ist möglich, dass diese Wellen die Seele der Französin, die 1907 starb, darstellen.

Spukschlösser

Die meisten Spukschlösser haben eine tragische Geschichte. Borley Rectory, von dem oft gesagt wird, dass es darin am meisten von ganz England spukt, wird vom Geist einer Nonne heimgesucht, die im 17. Jahrhundert ermordet worden ist. In Häusern mit einer fröhlichen Atmosphäre spukt es selten. Dennoch gibt es einige, in denen ein Geist wohnt – meistens jemand, der so stark mit dem Haus verbunden war, dass er bleiben wollte.

Borley Rectory

Borley Rectory in Essex (Großbritannien) wurde von mehreren Geistern heimgesucht, einschließlich des Geistes des ersten Vikars, Reverend Henry Bull, der das Pfarrhaus 1863 erbaute. Ebenso erschienen das Phantom einer Nonne und eine Geisterkutsche, die man die Auffahrt heraufrollen hörte. Viele Bewohner beklagten sich über Poltergeister, zum Beispiel ein Vikar, der mit einer Haarbürste auf den Kopf geschlagen wurde. Nachdem Borley Rectory 1939 auf mysteriöse Weise niederbrannte, entdeckte man im Keller den Schädel einer Frau. Könnte er der Geisternonne gehört haben?

Borley Rectory, Essex (Großbritannien)

Das Haus von Sarah Winchester in San José (USA)

Das Winchester-Haus

Sarah Winchester, die letzte Nachkommin der berühmten Familie Winchester, zog 1884 in Sa José in Kalifornien (USA) in ein Bauernhaus. S glaubte, dass all die Menschen, die mit Winchester-Gewehren erschossen worden waren, ihre Familie mit einem Fluch belegt hätten. Sarah erhielt Botschaften von ihren toten Verwandten, die ihr sagten, dass sie an ihr Haus immer mehr und mehr Räume anbauen müsste. Sie warnten sie, dass der Fluch zuschlagen würde, wenn sie aufhören würde zu bauen. Heute spukt Sarahs Geist in den Gängen des weitläufigen Anwesens, an dem sie 38 Jahre lang gebaut hatte.

Kirchenspuk

Es gibt möglicherweise ebenso viele Kirchen wie Häuser, in denen es spukt. Der Geist ist meist der eines Priesters oder eines Mönches, der am Altar kniet. Dieses bekannte Foto (oben) scheint den Geist eines Priesters zu zeigen. Es wurde in der Sankt-Nikolaus-Kirche in Arundel, Sussex (Großbritannien), aufgenommen. Oft scheinen Kameras in der Lage zu sein, Gestalten einzufangen, die für das Auge unsichtbar oder nur als schwacher Lichteindruck zu sehen sind.

Das Haus der Gesichter

In einem Haus in Bélmez de la Moraleda (Spanien) erschienen auf dem Betonboden in der Küche geheimnisvolle Gesichter. Das erste Gesicht erschien am 23. August 1971. Es wurde entfernt und der Boden mit einer frischen Schicht Zement überzogen. Doch andere Gesichter nahmen sofort seinen Platz ein – zu einem gewissen Zeitpunkt gab es nicht weniger als neun Gesichter. Das Haus war über einem Friedhof errichtet worden, und Geisterexperten zogen daraus den Schluss, dass die Gesichter von Poltergeistern gemacht wurden. Heute ist das »Haus der Gesichter« eine Pilgerstätte für jene, die glauben, es handle sich bei den Gesichtern um übernatürliche Porträts von Heiligen.

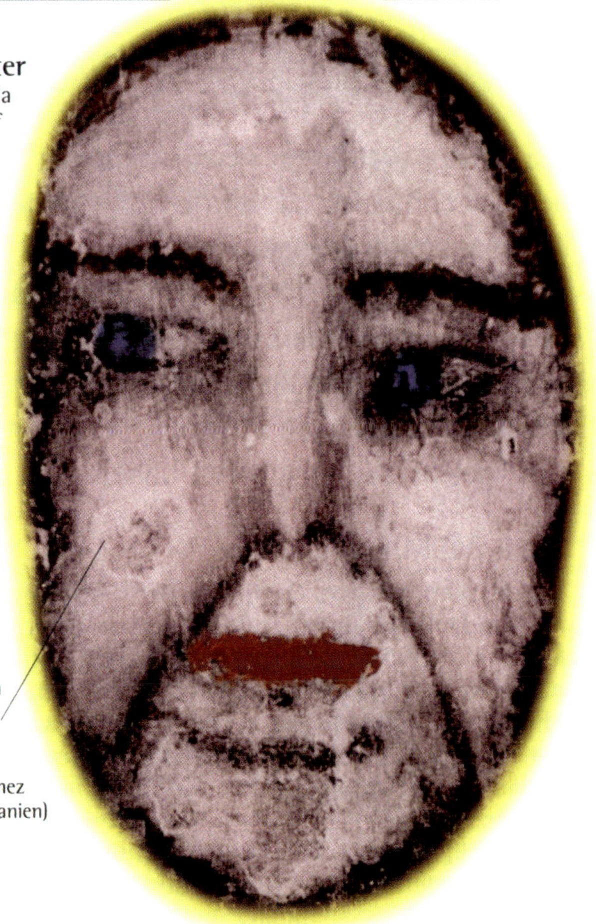

Der Ausdruck schien sich zu verändern

Gesicht auf dem Betonboden, Bélmez de la Moraleda (Spanien)

»Ich war froh, von dort wegzukommen.«

Ein Besucher von Borley Rectory

Das Hotel Raffles in Singapore

Das Hotel Raffles

Im Raffles-Hotel, einem der ältesten Hotels in Singapur, erklang die Stimme eines Mädchens, das einen englischen Kinderreim sang. Hunderte Menschen hörten bereits diese Stimme. Das Hotel wurde 1897 auf dem Gebiet eines Mädcheninternats errichtet, also könnte die Stimme einer längst verstorbenen Schülerin gehören. Seitdem das Hotel in den 80er Jahren renoviert wurde, wurde diese Stimme nicht mehr gehört. Ihre Identität bleibt ein Geheimnis.

Amityville Schwindel

Das Haus in Amityville, Long Island (USA)

Ein Haus in Amityville auf Long Island war einmal das berühmteste Spukhaus in den USA. 1974 ermordete Ronald DeFeo dort sechs Mitglieder seiner Familie. 1975 zog die Familie Lutz ein, verließ das Haus aber wieder nach einem Monat. Sie behaupteten, sie wären durch Phantomschritte, schrecklichen Gestank und Geisterhände vertrieben worden. Ein Buch, beruhend auf den Erzählungen von George Lutz, *The Amityville Horror,* wurde ein Bestseller. Doch die Geschichte stellte sich als Schwindel heraus. Die Familie war ausgezogen, weil sie für die Miete nicht aufkommen konnte.

Berühmte Phantome

Die Geister berühmter Persönlichkeiten scheinen besonders ruhelos zu sein. Es gibt unzählige Berichte über spukende Könige und Königinnen. Vielleicht bleibt eine starke Persönlichkeit nach dem Tode hier verhaftet und ihr Geist wandelt auf Erden. Häufig werden auch wichtige Ereignisse im Leben berühmter Menschen wiederholt, und zwar an jenen Orten, an denen sie einst gelebt oder gearbeitet haben.

Eine Menge Geister

Von Schriftstellern, Politikern, Herrschern und Filmstars wurden nach ihrem Tod Phantomgestalten gesehen. Manche Menschen denken, dass die Geister in der nächsten Welt andere Geister treffen – stellen Sie sich Abraham Lincoln vor, der bei einem Gespensterbankett mit Königin Elisabeth I. von England parliert. Einige Gebäude scheinen die Geister von Berühmtheiten geradezu anzuziehen. Anna Boleyn (die zweite Frau von König Heinrich VIII.) und Sir Walter Raleigh spuken beide im Tower von London (Großbritannien), dem Schauplatz ihrer Hinrichtung.

Eine Gruppe berühmter Geister

Geist von Sir Walter Raleigh, gesehen im Tower von London (Großbritannien)

Geist der Königin Elisabeth I., gesehen im Richmond Palast (Großbritannien)

Geist der Königin Anna Boleyn, enthauptet 1536

Marilyn Monroe

Filmstarphantom

Marilyn Monroe wurde am 4. August 1962 tot aufgefunden. Manche Menschen glauben, dass sie nach der Einnahme einer Überdosis Schlaftabletten starb, doch andere denken, dass sie ermordet wurde. John Myers, ein Heiler und parapsychologischer Fotograf, behauptet, dass ihm Monroes Geist mitgeteilt habe, dass ihr Tod ein Unfall gewesen sei. Ihr Geist wurde in einem Garten in Hollywood (USA) gesehen, und ihr Bildnis soll in einem Spiegel, der dem Filmstar einst gehört hat, spuken.

Mary Todd Lincoln mit einer Geistergestalt

Der Präsident spukt!

Abraham Lincoln, Präsident der USA, wurde 1865 ermordet. Sein Geist wurde von vielen Menschen im Weißen Haus in Washington, D. C., gesehen. Kurz nach seinem Tod nahm ein »Geisterfotograf« namens William Mumler diese Fotografie (links) einer Frau auf, die ihn aufgesucht hatte. Ihm war nicht bewusst, dass es sich um die Witwe des ermordeten Präsidenten handelte. Als das Foto entwickelt wurde, zeigte sich ein Geist – wahrscheinlich der von Abraham Lincoln – der hinter ihr stand und seine Hände auf ihre Schultern legte.

» Lincolns Geist ist noch immer lebendig... «

F. D. Roosevelt, US-Präsident

Napoleon Bonaparte inspiziert seine Truppen

Gespenstischer Botschafter

Napoleon Bonaparte starb am 5. Mai 1821 im Exil auf der Insel St. Helena im Atlantischen Ozean. Am selben Tag traf ein Fremder, der sein Gesicht in seinem Umhang verbarg, beim Haus seiner Mutter ein und bestand darauf, sie zu sehen. Er teilte ihr mit, dass der Kaiser an diesem Tag gestorben sei. Dann enteilte er. Madame Bonaparte fragte, welchen Weg der Besucher eingeschlagen hatte, doch ihr Diener behauptete, dass niemand das Haus verlassen hätte.
Die offizielle Nachricht vom Tod ihres Sohnes erreichte Madame Bonaparte erst zehn Wochen später.

Geist von Napoleon Bonaparte

Geist der Königin Jane Seymour

Geist von Abraham Lincoln

Gefälschte Aufnahme vom Geist Jane Seymours

Der Geist von Königinnen

Geister der Frauen von König Heinricht VIII. wurden in ganz Großbritannien gesichtet. Besucher des Palastes von Hampton Court bei London sahen eine Erscheinung, die der im Kindbett verstorbenen Jane Seymour ähnelte. Eine weitere von Heinrichs Frauen, Katharina Howard, wurde 1541 in den Kerker geworfen, entkam jedoch den Wachen und lief zur Kapelle, wo sie den König um Gnade anflehte. Heinrich ignorierte sie, indem er vorgab, zu beten. Katharina wurde weggezerrt und kurz darauf hingerichtet. Heute gellen ihre gespenstischen Schreie rund um den Palast.

TIERGEISTER

Über Tiergeister gibt es fast genauso viele Berichte wie über menschliche Geister. Besitzer von Haustieren sind sich dessen oft bewusst, dass der Geist eines verstorbenen Haustieres noch immer im Haus weilt, offensichtlich unwillig, sein Heim zu verlassen. Obwohl am häufigsten über Katzen und Hunde berichtet wird, wurden auch geisterhafte Pferde, Tiger und noch ungewöhnlichere Kreaturen gesehen.

In Killakee (Irland) wurde 1968 eine Geisterkatze gesichtet

Die schwarze Katze von Killakee

Das Dower-Haus in Killakee (Irland) hat eine mächtige Eingangstür, die sich nicht verschließen lässt. Tom McAssey wollte sie versperren, doch eine merkwürdige Stimme sagte: »Lass sie offen«. McAssey floh in Panik. Als er sich umdrehte, sah er eine große schwarze Katze mit glühenden Augen.

GEISTERKUTSCHE MIT PFERDEN

Bei Borley Rectory in Essex (Großbritannien) konnte man häufig das geisterhafte Geräusch einer Pferdekutsche vernehmen. Es hat bereits viele ähnliche Geisterkutschen gegeben, einschließlich einer, die in Thorpe Hall in Lincolnshire (Großbritannien) spukt. Zwei Kinder behaupten, diese Kutsche tatsächlich gesehen zu haben. Nachdem eine Kutsche keinen »Geist« haben kann, glauben viele Menschen, dass solche Erscheinungen eine Art »Aufzeichnung« eines Ereignisses ist, das sich mit einem bestimmten Ort verbunden hat.

A straunge.
and terrible Wunder wrought
very late in the parish Church
of Bongay, a Towne of no great di-
stance from the citie of Norwich, name-
ly the fourth of this August, in ye yeere of
our Lord 1577. in a great tempest of vi-
olent raine, lightning, and thunder, the
like whereof hath been sel-
dome seene.
With the appearance of an horrible sha-
ped thing, sensibly perceived of the
people then and there
assembled.
Drawen into a plain method ac-
cording to the written coppy.
by Abraham Fleming.

Zeichnung eines 1577 gesehenen Hundes

Teuflische Hunde

Die Volksdichtung vieler Völker kennt Geschichten von dämonischen schwarzen Hunden – sie werden für die Wächter der Unterwelt gehalten. Auf dem oben gezeigten Flugblatt wird erzählt, wie 1577 während eines Gewitters ein schwarzer Hund in der Kirche von Bungay in Suffolk (Großbritannien) erschien und den Gang hinunterlief. Zwei Betende fielen tot um, als das Tier an ihnen vorüberlief. Viele Menschen auf dem Land glauben, dass böse Geister gerne die Gestalt von Tieren annehmen.

Es gibt viele Zeugen, die über geisterhafte Pferdekutschen berichten

Erscheinungen von Tieren

Dieses Foto von einem Wolfshund (links) wurde 1926 aufgenommen. Der Terrierwelpe, der hinter ihm zu sehen ist – und der ein besonders guter Freund des Wolfshundes gewesen war –, war seit sechs Wochen tot. Viele Tiere scheinen ihre menschlichen Besitzer nicht verlassen zu wollen. Rosemary Brown, ein Medium, sah häufig Geistertiere. Eines Nachts, als ihr Mann krank war und sie an seinem Bett saß, fühlte sie ein Gewicht auf ihren Beinen und sah ein Tigerjunges. Als sie ihrem Mann den Tiger beschrieb, erkannte er in ihm Sabrina, ein Haustier, das seiner Familie in Ägypten gehört hatte.

Auf diesem Foto sieht man einen Geisterwelpen

Illustration aus *Der Hund von Baskerville*

Der Hund von Baskerville

Der Sherlock-Holmes-Roman von Sir Arthur Conan Doyle, *Der Hund von Baskerville*, beruhte auf einer wahren Begebenheit. Im 17. Jahrhundert verfolgte Richard Cabell aus Buckfastleigh in Devon (Großbritannien) seine Frau bis zum nahen Moor und erstach sie dort in rasender Eifersucht. Ihr treuer Hund sprang ihm an die Kehle und tötete ihn, während er erstochen wurde. Der Geisterhund spukt in der Familie Cabell bis zum heutigen Tag.

Tödlicher Oktopus

Ein Vikar, der in ein altes Kloster in Wales (Großbritannien) gezogen war, erwachte frierend in einer Sommernacht. Im Kamin sah er eine sich windende Gestalt, die wie ein schleimiger Oktopus mit blassen, wässrigen Augen aussah. Das Monster schien ihn mit reiner Willenskraft gelähmt zu haben. Die ganze Nacht betete der Vikar und versuchte, sich zu befreien. Als der Morgen graute, verschwand die Kreatur schließlich und wurde nie wieder gesehen.

Ein Monster in Form eines Oktopus versuchte, einen Briten zu töten

Dinge mit Eigenleben

Können sich Schiffe und Züge in Geister verwandeln? Können Objekte wie Uhren und Automobile spuken? So unglaublich es klingen mag, solche Dinge können tatsächlich passieren. Manche Gegenstände scheinen ein Eigenleben zu besitzen, anderen übernatürliche Kräfte innezuwohnen. Es gab bereits viele Erklärungsversuche für solche Geisteraktivitäten – von Poltergeistern bis zu Flüchen – doch bislang konnte keiner eine befriedigende Antwort geben.

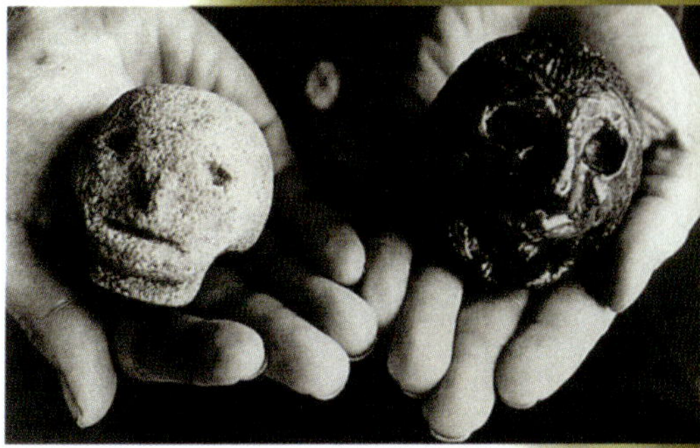

Modelle der in Hexham, Northumberland (Großbritannien), gefundenen Köpfe 1972

Verfluchte Köpfe?

1972 fanden Colin und Leslie Robson in ihrem Garten in Hexham, in der Nähe von Newcastle (Großbritannien), zwei geschnitzte Köpfe in der Größe von Tennisbällen. Im Haus bewegten sich die Köpfe von selbst, und Geschirr wurde zerschlagen. Die Historikerin Anne Ross meinte, die Köpfe wären keltisch und etwa 1800 Jahre alt. Ein früherer Pächter behauptete, er hätte die Köpfe für seine Kinder gemacht, doch als Dr. Ross sie mit nach Hause nahm, sah sie einen »Wolfsmenschen« und entledigte sich ihrer schnell.

Lincolns Phantomzug

Der Geist von US-Präsident Abraham Lincoln, der 1865 ermordet wurde, wurde im Weißen Haus in Washington, D. C., bereits häufig gesichtet. Man sagt, dass auch der Zug, mit dem sein Leichnam von Washington nach Illinois gebracht worden war, noch immer auf der Albany-Eisenbahnstrecke spukt. Viele Jahre lang konnte man den Zug am 27. April, dem Jahrestag des Transports, um Mitternacht sehen. Zeugen erzählen, dass die Luft seltsam still wurde, bevor der schwarze Geisterzug in völliger Lautlosigkeit vorüberrauschte. Begleitet wurde er von schwarzen Fahnen und einer Besatzung aus Phantomen.

Der Begräbniszug des US-Präsidenten Abraham Lincoln

Das »Geisterschiff« *Der fliegende Holländer*

Der fliegende Holländer

Viele Seeleute behaupten, sie hätten das Schiff gesehen, das als *Der fliegende Holländer* bekannt ist. Der Legende zufolge war sein Kapitän der Holländer Hendrik Van der Decken. Der Kapitän stieß bei der Umseglung des Kaps der guten Hoffnung in einem Sturm derartig schlimme Flüche aus, dass eine übernatürliche Macht ihn dazu verdammte, bis in alle Ewigkeit weiterzusegeln. Den *Fliegenden Holländer* zu sehen soll Unglück, oft sogar den Tod bringen. Am 11. Juli 1881 sah der zukünftige König von Großbritannien, Georg V., das Geisterschiff in australischen Gewässern. Zum Glück entkam er seinem Fluch – er starb im reifen Alter von 70 Jahren.

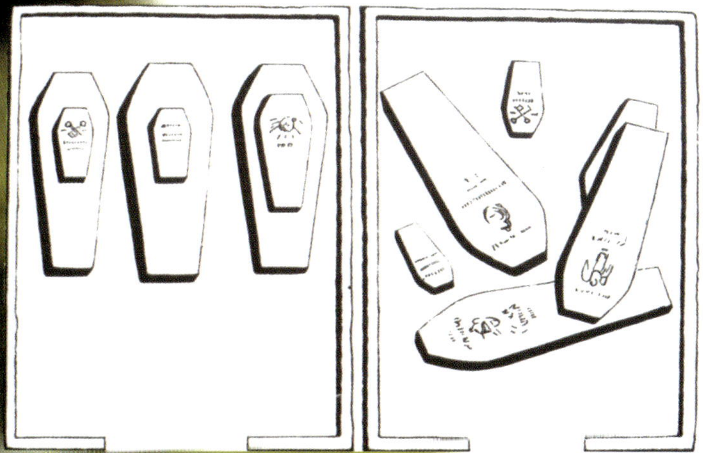

Särge in der Gruft der Familie Chase, vor ... ... und nach der letzten Gruftöffnung, 1820

»Verrückende« Särge

Mehr als acht Jahre lang wurden die Särge in einer versiegelten Gruft auf der Insel Barbados in den Westindischen Inseln durch eine mysteriöse Kraft bewegt. Die seltsamen Ereignisse begannen 1812, als die Gruft geöffnet wurde, um ein Mitglied der Familie Chase zu begraben. Die Särge waren umgestürzt, obwohl die Gruft versiegelt war. Man arrangierte die Särge wieder ordnungsgemäß und versiegelte die Gruft neuerlich. Trotzdem fand man die Särge in den folgenden Jahren jedesmal, wenn man die Gruft öffnete, um jemand zu begraben, in einem Durcheinander. 1820 ordnete der Gouverneur von Barbados an, die Särge zu entfernen. Die Gruft steht seit damals leer. Eine Erklärung wurde niemals gefunden.

Ein kleiner Junge auf dem Beifahrersitz

Dieses Foto zeigt offensichtlich einen Jungen in einem Auto

Spukt es in diesem Wagen?

Niemand kann erklären, warum auf diesem Foto, das 1974 in Bradley, West Yorkshire (Großbritannien), aufgenommen wurde, der Kopf eines kleinen Jungen zu sehen ist. Als dieses Foto entstand, schien der Wagen leer zu sein. Vielleicht gehört der Kopf zum Geist eines blonden Jungen, der auf dem Beifahrersitz sitzt. Oder ist das Bild nur eine durch das Licht erzeugte Illusion?

Die stehen gebliebene Uhr

Es gibt viele Geschichten über Standuhren, die im Augenblick des Todes ihres Besitzers stehen geblieben sind. Ein Mann namens Stephen starb in Winnipeg (Kanada) im Alter von 72 Jahren. Nach seinem Tod sollte die Uhr an den männlichen Erben weitergegeben werden, doch Stephen hatte nur Töchter. Ein Jahr später begann die Uhr wieder zu schlagen, genau in dem Moment, als seine jüngste Tochter einem Knaben das Leben schenkte. Dieser Sohn wird möglicherweise die Uhr seines Großvaters erben, und sie könnte seine Geburt gefeiert haben.

Standuhr

» Wolken verdecken den Mond, während der Geisterzug vorbeizieht. «

Auszug aus der *Albany Times*

GEISTERSTIMMUNG

Die meisten Menschen würden gar nicht bemerken, dass ein Geist neben ihnen steht. Wenn es in einem Zimmer spukt, würden von einem Dutzend Personen höchstens zwei den Geist sehen. Es scheint, als müsste man darauf »eingestimmt« sein, einen Geist zu sehen, ähnlich dem Einstellen der Kanäle bei einem Fernsehgerät. Nicht jeder Mensch ist hierzu in der Lage.

DER MANN IN GRAU

Das Königliche Theater in der Drury Lane in London (Großbritannien) hat einen der berühmtesten Geister der Welt – den »Mann in Grau«. Viele Schauspieler haben ihn bereits gesehen. Tatsächlich scheinen Schauspieler besonders empfindsam für Geister zu sein. Der »Mann in Grau« trägt altmodische Kleidung und geht den Gang im zweiten Rang entlang. Die Identität des ruhelosen Geistes bleibt ein Rätsel, obwohl es sich um jenen Mann handeln könnte, dessen Skelett 1848 mit einem Dolch zwischen den Rippen im Theater gefunden worden war.

Mögliche Fotoaufnahme eines Geistes

»Ur-Oma ist da!«
Kinder sind gegenüber Geistern häufig empfänglicher als Erwachsene, und es gibt hunderte Fälle, in denen Kinder verstorbene Verwandte gesehen haben. Dieses Foto wurde 1991 geschossen, nachdem ein zwei Jahre alter Junge gemeint hatte »Ur-Oma ist da« und in die Luft gedeutet hatte. Die weißliche Gestalt könnte der Geist der Urgroßmutter des Jungen sein.

Computerrekonstruktion des »Mannes in Grau«

» Ich habe noch niemanden gesehen, der so traurig aussah. «

W. Macqueen Pope über den »Mann in Grau«

Fallendes Gemälde

Der Geist, der Bilder bewegte

Als Frances Freeborn in ein Haus in Bakersfield, Kalifornien (USA), einzog, hatte sie nicht erwartet, dem Geist der früheren Besitzerin zu begegnen. Dem Geist schienen ihre Veränderungen im Haus zu missfallen, und als Frances versuchte, ein altes Bild an verschiedenen Orten aufzuhängen, lag es am nächsten Morgen jedes Mal am Boden. Dann fühlte sie sich gedrängt, das Bild im Schlafzimmer aufzuhängen. Als sie dies getan hatte, blieb das Bild an der Wand. Frances meinte, es hänge zu tief, doch für den Geist schien das gerade richtig, denn die frühere Besitzerin war eine sehr kleine Frau gewesen.

Standbild aus dem Film von Annie Smith, 1972

Geister von Lebenden

Annie Smith aus Yorkshire (Großbritannien) wurde 1972 in einen schrecklichen Autounfall verwickelt, als ein Lastwagen unmittelbar vor ihrem Fahrzeug ausscherte. Es gab einen fürchterlichen Zusammenstoß, doch Annie und ihr Ehemann kamen mit einem Schock, doch ohne Verletzungen davon. Dieses Foto (oben) stammt von Annies Film, den sie wegen der Versicherung unmittelbar nach dem Unfall aufgenommen hatte. Wer ist die Person, die an ihrer Stelle im Wagen sitzt? Parapsychologische Ermittler glauben, dass es ein »Krisenbild« von Annie ist, durch ihre eigene Angst auf den Film gebannt.

Botschaften aus dem Jenseits

Margery Crandon produziert in Trance Zytoplasma

Spiritisten glauben, dass jeder mit den Toten kommunizieren kann. Sie sind davon überzeugt, dass Menschen, die gestorben sind, weiterexistieren, wenn sie »auf die andere Seite« gegangen sind. Jemand, der mit Verstorbenen spricht, wird als »Medium« bezeichnet. Viele Medien oder übersinnlich Begabte begeben sich in Trance, um Nachrichten von Geistern zu erhalten. Gelegentlich erhalten sogar Menschen ohne übersinnliche Fähigkeiten unerwartete Nachrichten aus der anderen Welt.

Zytoplasma aus der Nase!

Manche Medien produzieren Zytoplasma aus Nase oder Mund, wenn sie in Trance sind. Das ist eine Substanz, die wie ein feines Gewebe aussieht, aber aus einem ähnlichen Material wie Eiweiß zu bestehen scheint. Manchmal formen sich aus dem Zytoplasma menschliche Gesichter, Hände oder sogar Körper. Diese Aufnahme (rechts) zeigt Margery Crandon, ein amerikanisches Medium, dabei, wie sie Zytoplasma aus ihrer Nase produziert.

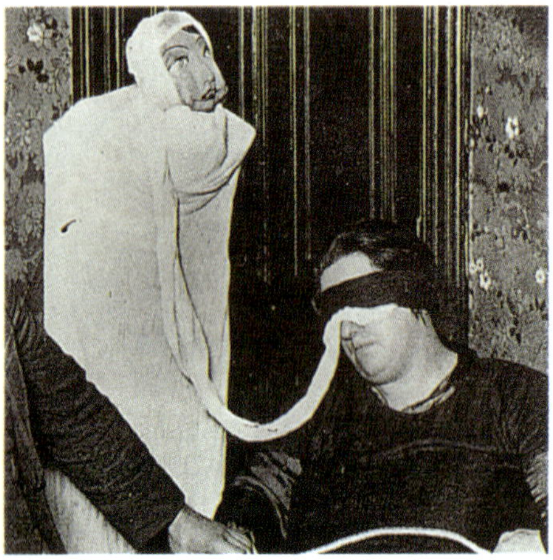

Ein Geist aus Zytoplasma nimmt Gestalt an

Materialisierter Geist

Diese Fotografie (oben) zeigt einen Geist, der aus Zytoplasma besteht. Der »Geisterführer« John King aus dem 19. Jahrhundert gab an, er habe Zytoplasma aus den Gehirnen des Mediums und der Beisitzer genommen und daraus wie ein Töpfer, der Ton modelliert, Gesicht und Körper eines Geistes geformt, mit dem er kommuniziert hatte.

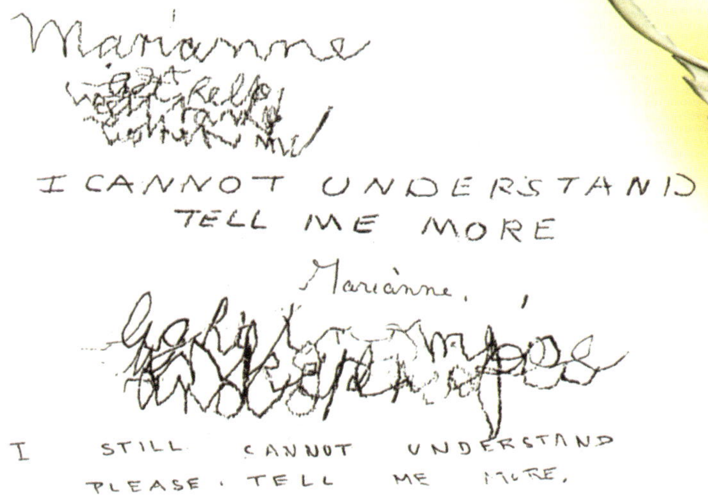

Geheimnisvolle Schrift im Borley Rectory (Großbritannien)

Die Schrift an der Wand

Die unlesbaren Worte (oben), die an eine Wand im Borley Rectory (Großbritannien) geschrieben wurden, sind an die Frau des Vikars, Marianne Foyster, gerichtet. Sie scheinen der Versuch eines Geistes zu sein, mit Marianne zu kommunizieren, obwohl sie in Blockbuchstaben mitteilt, dass sie nicht versteht. Auch das britische Medium Matthew Manning hat »Geisterschrift« entdeckt. Die Wände seines Hauses wurden mit mehr als 300 Unterschriften sowie Botschaften in arabischer und russischer Sprache bedeckt.

Ein weißer Vogel gilt oft als Omen des Todes

Geflügelter Botschafter

Viele Familien machten die Erfahrung, dass ein geisterhafter weißer Vogel erschien, um einen Todesfall anzukündigen. Als Mutter Oxenham, Oberhaupt einer Familie aus Devon (Großbritannien), 1618 im Sterben lag, sah man einen weißen Vogel in ihrem Schlafzimmer. Er erschien viele Jahre später, um den Tod ihres Enkels anzukündigen, und ist seitdem immer wieder aufgetaucht, wenn ein Familienmitglied dem Tode nahe war. In der Familie Arundel aus Wiltshire (Großbritannien) sieht man zwei weiße Geistereulen vor dem Tod eines Verwandten.

» Ich bin sicher, dass ihre Trance echt war. «

Der US-Psychologe William James über das Medium Leonora Piper, 1885

Fotografie eines Mädchens mit dem Geist ihrer toten Schwester

Geisterfotografien

Manchmal wird eine geheimnisvolle Gestalt auf Film festgehalten. Häufig erkennt die aufgenommene Person die Figur als toten Verwandten, manchmal ist die Erscheinung ein völlig Unbekannter. 1973 erschrak die parapsychologisch begabte Stella Lansing aus den USA, als sie auf dem Film, den sie mit ihrer Filmkamera aufgenommen hatte, einen Mann mit Turban und Flöte entdeckte. Eigentlich sollte man darauf ihre Lieblingssendung aus dem Fernsehen sehen.

Ein Standbild aus Stella Lansings Film zeigt einen geisterhaften Mann in ihrem Fernseher

Poltergeister

Poltergeister, oder »laute Geister«, erzeugen Lärm, lassen Objekte durch den Raum fliegen und können sogar Feuer legen. Meistens spuken sie in Familien mit Kindern oder Jugendlichen. Einige Experten denken, dass Poltergeister vom Unterbewusstsein unglücklicher junger Menschen erzeugt werden. Andere meinen, dass es sich um auf der Erde gefangene Geister handelt, die ihre Energie von aufgewühlten Teenagern »stehlen«.

Das Haus in Amherst (USA), 1878

Das Rätsel von Amherst

Nachdem sich die achtzehnjährige Esther Cox aus Amherst in Neuschottland (Kanada) von ihrem Freund trennte, wurde sie von einem Geist verfolgt. Der Geist schrieb an die Wände ihres Schlafzimmers »Esther, ich werde dich töten«, zog die Laken von ihrem Bett und ließ ihren Körper wie einen Ballon anschwellen. Als Esther einen Job in einem Restaurant annahm, brach Feuer aus, und Messer und Gabeln hafteten an ihr, als wäre sie ein Magnet. Sie wurde der Brandstiftung angeklagt und ins Gefängnis geworfen, wo der Spuk plötzlich ein Ende hatte.

Unruhestifter

Auch wenn Poltergeister schwere Objekte mit großer Kraft werfen können, kommt es selten vor, dass wirklich jemand verletzt wird. In einem Fall flog eine große Kartoffel durch den Raum und verfehlte jemandes Kopf nur knapp, bevor sie an der Wand zerschellte. In einem anderen Fall wurde eine schwere Teekanne aus Silber durch die Luft geschleudert, die jedoch erst einige Manöver vollzog, bevor sie jemanden traf – so als ob der Poltergeist sie eher halten als schleudern würde. Poltergeister können sogar Objekte durch Wände dringen lassen, wofür es keine wissenschaftliche Erklärung gibt.

Janet Harper aus Enfield (Großbritannien), schwebend

Erhebender Geist

1977 erlebte die Familie Harper aus Enfield (Großbritannien) seltsame Vorfälle. Möbel bewegten sich von selbst und Gegenstände flogen durch die Luft. Die Ermittler Guy Playfair und Maurice Grosse fotografierten die elfjährige Janet Harper, wie sie im Schlaf in der Luft schwebte. Dono Gmelig-Meyling, ein holländisches Medium, erklärte, das Haus sei mit Geistern vom lokalen Friedhof bevölkert. Irgendwie konnte er sie zum Verschwinden überreden.

Aktivitäten von Poltergeistern – Objekte fliegen durch die Luft

Ein Telefon fliegt an einem Mädchen vorbei

Fliegende Töpfe und Pfannen

Die meisten Störungen durch Poltergeister beschränken sich auf einen relativ kurzen Zeitraum von etwa zwei Monaten. In dieser Zeit kann jedes Zimmer im Haus auf den Kopf gestellt werden. Diese Aufnahme (rechts) von fliegenden Küchenutensilien zeigt typische Poltergeistaktivitäten. Sie wurde im Juni 1955 im Haus der Familie Costa aus St. Jeanne de Maurienne (Italien) gemacht. Teresa Costa war der »Fokus« – das heißt, der Poltergeist »stahl« ihre Energie, um Chaos anzurichten.

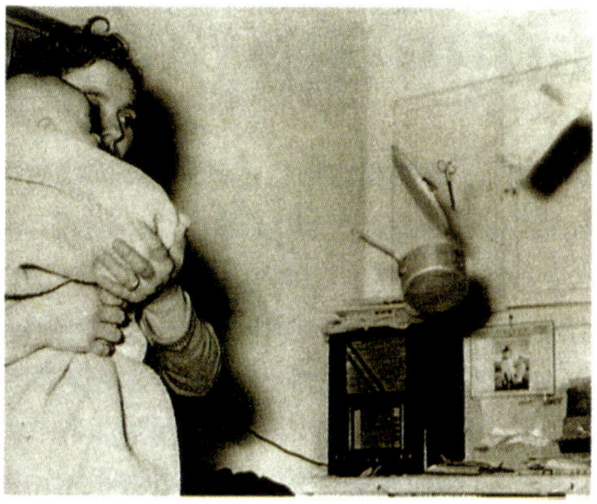

Teresa Costa und ihr Baby beobachten seltsame Vorgänge in der Küche

Telefonterror

Diese Fotografie (oben) zeigt ein Telefon, das über den Schoß eines 14-jährigen Mädchens namens Tina hinwegfliegt. Am 6. März 1984 sah sich ihre Familie gezwungen, ihr Heim in Columbus, Ohio (USA), zu verlassen, weil ein Poltergeist Dinge schleuderte, das Licht an- und ausschaltete und die Dusche aufdrehte. Der Reporter Fred Shannon kam vorbei und nahm dieses Foto auf, das in einer Lokalzeitung erschien.

Sandringham House in Norfolk (Großbritannien)

Königlicher Aufruhr

In Sandringham House in Norfolk (Großbritannien), einem Wohnsitz der britischen Königsfamilie, gibt sich jedes Jahr am 24. Dezember ein Poltergeist die Ehre. Laken werden von frisch gemachten Betten gezogen und Weihnachtskarten zu Boden geworfen. Aus einem Zimmer im Dienstbotentrakt hört man schweres Atmen. Ein Bediensteter weigerte sich, dort zu schlafen, nachdem er etwas gesehen hatte, das aussah wie »ein großer Papiersack, der wie eine groteske Lunge ein- und ausatmete«.

Geisterjäger

Wenn Sie glauben, dass Sie einen Geist im Haus haben, können Sie einen Experten zu Rate ziehen, der die Sache untersucht. Viele Geisterjäger verwenden spezielle Geräte, um herauszufinden, ob es sich um echten Spuk oder einen Scherz handelt. Auch wenn sich viele Geister dem bloßen Auge entziehen, wurden viele Erscheinungen mit der Kamera festgehalten. Geister sind alles andere als ein seltenes Phänomen, sondern fast so verbreitet wie Katzen und Hunde.

Geisterjagd im Film

In dem Film *Ghostbusters* (1984) setzte ein Team von Geisterjägern spezielle Laserwaffen ein, um New York vor einer Geisterplage zu retten. Verschiedene Charaktere riefen das Vernichtungskommando, mit wechselndem Erfolg. Doch die Ereignisse, die im Film gezeigt werden, entsprechen nicht einer realen Untersuchung. Die meisten übersinnlichen Ermittler verwenden eine äußerst komplizierte Ausrüstung, um Daten zu sammeln, und versuchen nicht, Geister aus ihrem Heim zu vertreiben.

Der berühmte Geisterjäger Harry Price

»Richtiger« Geisterjäger

Harry Price war ein britischer Magier, der sein Wissen über Tricks einsetzte, um Spukphänomene zu untersuchen und zu beurteilen, ob es sich um einen Scherz handelte. Price erkannte bald, dass es Geister wirklich gab, und in den 30er Jahren wurde er der berühmteste Geisterjäger der Welt. Er deckte auch mehrere Betrügereien auf, bei denen sich einsame Menschen einen Geist »gezimmert« hatten, um Gesellschaft zu haben.

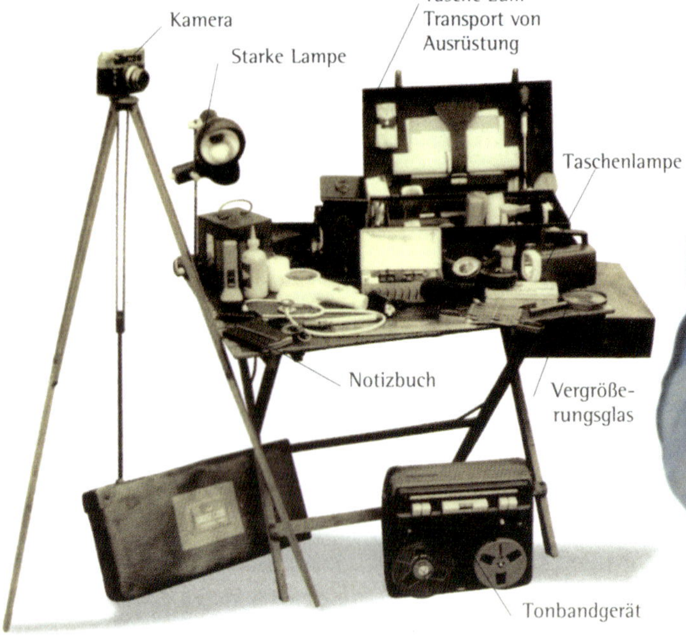

Ausrüstung für die Geisterjagd, benutzt von Peter Underwood, Präsident der Ghost Club Society (Großbritannien)

Standbild au[s] dem Film *Ghostbuste[rs]* (1984)

Geräte zum Nachweisen von Geistern

Bestimmte Geräte sind sehr nützlich zur Untersuchung von Häusern, in denen es spukt: eine Kamera mit Infrarotfilm (um in der Dunkelheit Fotos machen zu können), eine gewöhnliche Kamera mit Blitzvorrichtung, eine starke Lampe, ein Tonbandgerät und ein Thermometer (weil es durch Geister kalt im Raum wird). Und schließlich wird auf dem Boden ein spezielles Puder verstreut, um Fußspuren sichtbar zu machen.

Gefälschte Fotografien

Geisterexperten nehmen nichts als erwiesen hin, und viele Fotografien stellten sich als Fälschungen heraus. Das Bild rechts wurde 1891 in Cheshire (Großbritannien) aufgenommen, als Lord Combermere begraben wurde. Man hält die Gestalt in dem Lehnstuhl für seinen Geist, doch die Aufnahme könnte auch gefälscht sein. 1895 machten sich zwei Männer daran, mittels einer speziellen Fotografie ein gefälschtes Bild von einem Geist (ganz rechts) zu erschaffen. Die geheimnisvolle Gestalt erinnert stark an den Geist von Lord Combermere in der früheren Aufnahme.

Sybell Corbets Aufnahme von der Bibliothek in Combermere, Cheshire (Großbritannien), 1891

Gefälschte Fotografie, 1895 hergestellt von Professor Barrett und Gordon Salt

Die braune Dame

In Raynham Hall in Norfolk (Großbritannien) spukt die »braune Dame«. 1835 sah sie der viktorianische Romanschriftsteller Captain Marryat eines abends, als er in sein Zimmer zurückkehrte, und feuerte seine Pistole auf sie ab. Die Dame starrte ihn an und verschwand. 1936 bannte ein Fotograf von einem britischen Magazin die Erscheinung auf Film. Sein Assistent sah eine schemenhafte Gestalt auf der Treppe, doch der Fotograf sah nichts. Als der Film entwickelt wurde, erschien eine seltsame Gestalt (rechts).

In Raynham Hall aufgenommene Fotografie

Der Friedhof von Prestbury in Gloucestershire (Großbritannien)

Der Geist auf dem Friedhof

Ein schwarz gekleideter Abt spukt auf dem Friedhof von Prestbury in Gloucestershire (Großbritannien). Am 22. November 1990 begab sich der Fotograf Derek Stafford auf den in Flutlicht getauchten Friedhof und versuchte, den »Schwarzen Abt« zu fotografieren. Auf seiner Aufnahme sieht man einen übernatürlichen Schatten, der sich bedrohlich über den Gräbern aufbaut.

BLUTSAUGER

Der Legende zufolge kann ein Vampir ewig leben – vorausgesetzt, er trinkt genügend Blut von Lebenden, um sich am Leben zu halten. Jeder, der von einem Vampir gebissen wurde, verwandelt sich selbst in einen Vampir. Die meisten Vampire sind männlich und fliegen nachts als Fledermäuse umher. Jüngste Berichte aus Puerto Rico über eine seltsame Blut saugende Kreatur legen nahe, dass es auch heute noch Vampire gibt.

Elisabeth Bathory

VAMPIRE

Es gibt eine beunruhigende Menge an handfesten Beweisen für echte Vampire – Blut saugende menschliche Wesen wie der fiktive Dracula. Der erste berühmte Fall ereignete sich 1732 in dem Dorf Medvegia in Serbien. Die Dorfbewohner beklagten sich, dass in der Nacht Vampire unterwegs wären. Karl VI. von Österreich ordnete an, ein Dutzend Gräber zu öffnen. Alle Leichen sahen aus, ab ob sie soeben erst begraben worden waren. Sie wurden verbrannt und ihre Asche in den Fluss gestreut. Medvegia wurde nie wieder von Vampiren belästigt.

Bathorys Blutbäder

Elisabeth Bathory war eine reiche ungarische Gräfin, die im 17. Jahrhundert lebte. Sie glaubte, dass sie jung bleiben würde, wenn sie menschliches Blut trank und darin badete. Bathory ordnete die Ermordung dutzender Dienerinnen an, die sie dann für ihre grausamen Schönheitskuren ausbluten ließ. Schließlich wurde sie in ihren Gemächern eingemauert und dem Tod überantwortet.

Vampir aus einem modernen Film

Prinz Vlad V. der Walachei

Die Burg Bran, einstmals Heimat des Prinzen Vlad in Transylvanien (Rumänien)

Der echte Dracula

Prinz Vlad V. der Walachei (einem Teil des heutigen Rumänien) war auch bekannt als »Dracul« (der Teufel). Er war das Vorbild für Bram Stokers Roman *Dracula* und ein grausamer Tyrann, der es liebte, lebende Menschen auf Pfähle zu spießen. Es wird behauptet, dass er sich an Menschenfleisch und dem Blut seiner Feinde gütlich tat. Vlad wurde schließlich 1477 im Kampf getötet, vielleicht von seinen eigenen Männern.

Einen Pfahl in das Grab eines Vampirs treiben

Einen Vampir töten

Einer antiken Tradition zufolge kann man einen Vampir nur töten, indem man einen Pfahl durch sein Herz treibt. Doch in vielen Mittelmeerländern wird die Leiche eines mutmaßlichen Vampirs (der leicht zu erkennen ist, weil die Leiche im Grab so frisch aussieht) stets verbrannt und die Asche ins Meer oder in einen Fluss gestreut.

Künstlerische Impression des Ziegensaugers

Der grässliche Ziegensauger

Auf der Karibikinsel Puerto Rico hat ein seltsames Monster, dem man die Bezeichnung »Ziegensauger« verliehen hat, in den 90er Jahren Hühner, Kaninchen, Ziegen und sogar Kühe getötet. Die Tiere bleiben blutleer und mit fehlenden Organen zurück. Augenzeugen behaupten, dass die Kreatur lange Fangzähne, glühende Augen, spitze Ohren und klauenartige Hände besitzt.

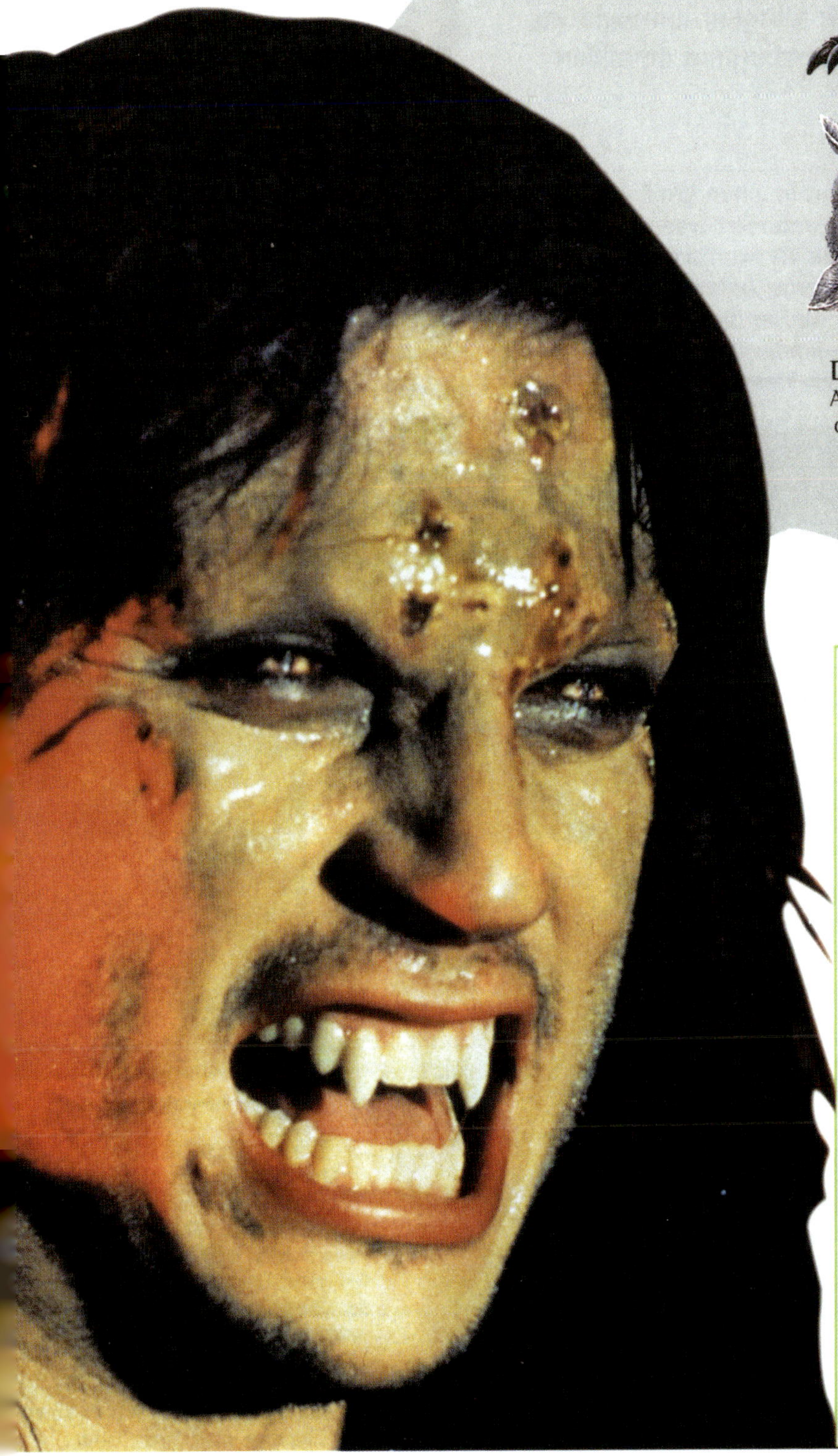

Die Dracula-Gesellschaft

Gräber bei der Kirche St. Mary in Whitby, Yorkshire (Großbritannien)

Friedhöfe waren stets beliebte Schauplätze für Gruselgeschichten – zum Beispiel kommen in Bram Stokers Roman *Dracula* die Gräber bei der Kirche St. Mary in Whitby, Yorkshire (Großbritannien), vor. Diesen Friedhof wählte Graf Dracula für seine erste Attacke in England. Heute treffen sich hier jeden Sommer die Mitglieder der Dracula-Gesellschaft. Sie tragen weiße Totenmaskenschminke und legen zu Ehren des legendären Grafen schwarze Umhänge an.

Geschöpfe der Nacht

Viele Menschen berichteten, sie hätten seltsame Kreaturen gesehen, zum Beispiel Werwölfe, den Teufel von Jersey und den Dämon von Dover. Diese Bestien scheinen übernatürliche Kräfte zu besitzen und sich im Schutz der Dunkelheit zu verbergen. Deshalb nehmen manche an, es handle sich um Besucher aus fremden Welten. Auch wenn diese Monster zu bizarr klingen, um wahr zu sein, sind die Berichte der Augenzeugen überzeugend detailliert.

Werwölfe

Ein Werwolf ist ein Mann, der sich bei Vollmond in einen Wolf verwandelt. Im Mittelalter, als Wölfe in Europa noch verbreitet waren und als böse Kreaturen gefürchtet wurden, existierten viele Werwolfslegenden. Geschichten über Werwölfe haben sich bis in moderne Zeiten gehalten. 1975 beging ein britischer Teenager Selbstmord, weil er davon überzeugt war, dass er sich in einen Wolf verwandle. Die Legende sagt, dass ein Werwolf nur durch eine Silberkugel getötet werden kann.

Standbild aus dem Film *I Was A Teen-age Werewolf*

Monster in Filmen

In frühen Werwolf-Filmen war der tragische Held dazu verdammt, sich stets bei Vollmond in eine mörderische Bestie zu verwandeln. Spätere Filme, wie *I Was A Teen-age Werewolf* (1957), setzten auf besondere Effekte, um die Verwandlung in das abscheuliche Monster zu zeigen.

Ein durch den Vollmond verwandelter Werwolf

Ein Werwolf kehrt heim

Wahre Geschichten

Manche Menschen glaubten wirklich, dass es Werwölfe gibt. Gilles Garnier wurde 1574 in Frankreich hingerichtet, weil er Kinder angegriffen hatte. Er sagte, er wäre zur Zeit der Übergriffe in einen Werwolf verwandelt gewesen. Peter Stubbe aus Deutschland wurde 1857 zum Tode verurteilt, als er viele Morde gestand, vor denen er sich in einen Werwolf verwandelt hätte.

Ich sah den Dämon von Dover!

Bill Bartletts Malerei von der seltsamen Kreatur

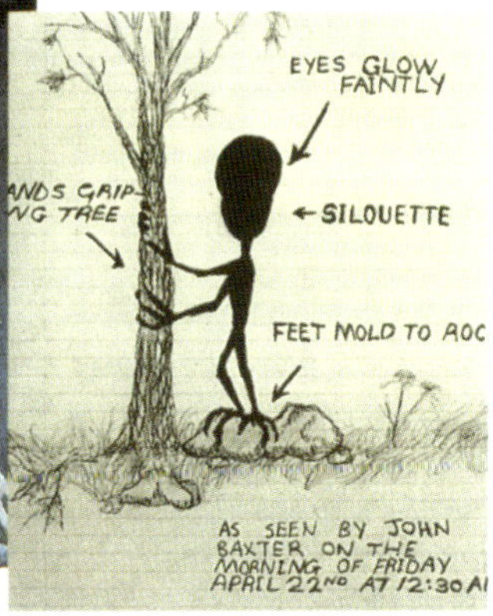

John Baxters Skizze scheint dieselbe mysteriöse Gestalt zu zeigen

Am 21. und 22. April 1977 sahen mehrere Jugendliche eine Kreatur mit einem großen Kopf, einem dünnen Körper und schlanken Fingern. Als der 15-jährige John Baxter die Gestalt in Dover in der Nähe von Boston (USA) entdeckte, schien sie sehr ängstlich und rannte davon. Ein anderer Augenzeuge, der 17-jährige Bill Bartlett, malte ein Bild von dem seltsamen Wesen. Eine Gruppe von UFO-Forschern hielt es für einen Alien von einem Raumschiff, und Experten, die die jungen Leute befragten, fanden deren Geschichten glaubwürdig. Lokalzeitungen prägten eine Bezeichnung für die Kreatur – »Dämon von Dover«.

Der Teufel von Jersey

Im Januar 1909 wurden die Einwohner von New Jersey (USA) durch eine Kreatur in Angst und Schrecken versetzt. Sie hatte einen Pferdekopf und fledermausähnliche Flügel, die im Schnee seltsame Spuren hinterließen. Einmal stieß die Gestalt auf eine Gruppe von Feuerwehrleuten herab, die in Panik flohen. Nach einigen Wochen wurde die Kreatur nicht mehr gesehen. Ihre Identität bleibt bis heute ein Rätsel.

Skizze des Teufels von Jersey, angefertigt nach Augenzeugenberichten

Große ledrige Flügel wie die einer riesigen Fledermaus

Gespaltene Hufe

Abbildung von Sprungfeder-Jack, 19. Jahrhundert

Jack mit den Sprungfedern

1838 wurde London (Großbritannien) von einer seltsamen Gestalt mit einem riesigen Umhang, krallenartigen Händen und feurigroten Augen terrorisiert. Bei der Verfolgung sprang die Kreatur über Wände hinweg. Man nannte sie »Sprungfeder-Jack«. Jack attackierte dutzende Menschen, doch niemand konnte das Monster ergreifen, das des Nachts wie ein Känguru durch die Straßen hüpfte.

Die Bestie von Gévaudan

Zwischen 1764 und 1767 tötete ein Wolf, der so groß war wie ein Esel, in der Region Gévaudan in Frankreich mehr als 60 Menschen. Schließlich machten sich mehrere hunderte Verfolger auf, um die Bestie zu töten. Der Mann, der die monströse Bestie letztendlich erlegte, schoss ihr eine Silberkugel ins Herz, um sicher zu gehen, dass sie tot war. Der Kadaver des Wolfes wurde mehr als eine Woche lang durch die Straßen getragen, damit sich alle vergewissern konnten, dass er wirklich tot war.

Jagd nach der Bestie von Gévaudan

FESTE FÜR GEISTER

In Europa und den USA hört man häufig die Frage »Glauben Sie an Geister?« In anderen Teilen der Welt, wie Mexiko und Japan, gehören Geister zu den Familienfeiern. Die Menschen dort glauben, dass die Toten sich ihren Verwandten bei Speisen, Trank und Unterhaltung wieder anschließen. Sie sind für die Lebenden nicht verloren und können nach wie vor Spaß haben.

Japanische Malerei eines Geistes mit Geisterlaterne

Laternenfest

Auch das japanische Laternenfest (13. bis 15. Juli) ist ein Geisterfest. Die Menschen bieten ihren toten Verwandten Speisen an und gießen jede Stunde Tee für ihre unsichtbaren Gäste auf. Abends werden die Häuser mit wunderschönen, mit Papierschlangen verzierten Laternen dekoriert. So gut wie alle Japaner glauben an Geister und kümmern sich zu dieser Zeit um ihre verstorbenen Verwandten, als ob sie lebendig wären.

HALLOWEEN

Halloween am 31. Oktober ist ein echtes Geisterfestival. Urspünglich handelte es sich dabei um ein altes keltisches Ritual, bei dem man glaubte, dass die Seelen der Verstorbenen in ihre Häuser zurückkehren. Man zündete Kerzen an, um böse Geister, Kobolde und Dämonen fern zu halten. Im Christentum wurde das Fest als Allerheiligentag bekannt, oder »Hallowed Evening« (»geweihter Abend«, woraus Halloween wurde). Heute feiern Kinder, indem sie gruselige Kürbisköpfe herstellen. Sie tragen Schrecken erregende Masken, klopfen an Türen und rufen: »Süßes, oder es gibt Saures!«

Dogon-Tänzer in Mali (Afrika)

Trauerriten bei den Dogon

Im Stamm der Dogon in Mali (Westafrika) werden die Ahnen verehrt. Wenn ein Stammesmitglied stirbt, kennzeichnen die Männer das Ende der Trauer mit einem »Dama«-Fest – ein Ritual, das die gequälten Seelen beruhigen und sie sicher auf ihren Weg in das Leben im Jenseits geleiten soll. Die Tänzer tragen verschiedenartige, sehr auffallende Masken und führen kunstvolle Tänze und nachgestellte Kämpfe auf. Die Riten können bis zu sechs Tage andauern, abhängig vom Status der verstorbenen Person.

Halloween-Kürbis

Der mexikanische Tag der Toten

Der Tag der Toten

Am 2. November, dem Tag der Toten in Mexiko, kehren die Verstorbenen zu den Lebenden zurück, und es ist sowohl eine Zeit der Freude als auch der Trauer. Die Familien bereiten Speisen, Getränke und Blumen vor, und stellen ihre Gaben für die Toten auf einen von Kerzen erleuchteten Tisch. Männer tanzen als Skelette verkleidet auf den Straßen und Kinder essen Bonbons in Form von Totenköpfen. Am Abend danach gehen die Familien zum Friedhof, um dort bei Kerzenschein über ihre toten Angehörigen zu sprechen.

Grimmiger Sensenmann vom »Tag der Toten«

Stab, der beim Geistertanz verwendet wird.

Darstellung eines Geistertanzes amerikanischer Urweinwohner

Mit Geistern tanzen

Um 1870 waren viele Ureinwohner Nordamerikas dem Hungertod nahe, weil die Weißen so viele Büffel erlegt hatten. Sie führten den Geistertanz auf, eine magische Zeremonie, um die Weißen zum Abziehen zu bewegen. Die Tänzer hatten Visionen, in denen sie die Welt der Geister besuchten und verstorbene Angehörige trafen. Zunächst schien der Geistertanz zu wirken, die weißen Soldaten wurden zum Rückzug gezwungen. Doch am 23. Dezember 1890 massakrierten US-Truppen in Wounded Knee in South Dakota 200 Männer, Frauen und Kinder, und die Tage des Geistertanzes waren vorbei.

Zauberei und Amulette

Viele Menschen benutzen Zaubermittel und Zaubersprüche, um sich vor dem Bösen zu schützen. Dies ist in manchen Teilen der Welt notwendig, weil man dort die Voodoo-Zauberer fürchtet. Diese Personen haben die Macht, Zombies, »lebende Tote«, zu erschaffen. Für manche Menschen sind böse Geister durchaus real, und sie vollziehen bestimmte Zeremonien, um sie abzuschrecken.

Hufeisen

Vierblättriges Kleeblatt

Kleiner Buddha

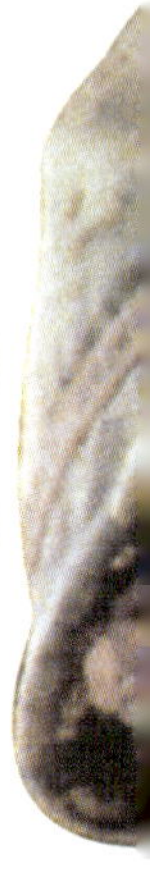

Glücksbringer

Viele Menschen tragen kleine Buddhafiguren oder vierblättrige Kleeblätter als Talisman bei sich. Andere Glücksbringer wie Hufeisen sollen ihrem Besitzer Glück in der Liebe oder im Geschäftsleben bringen. Funktionieren diese Glücksbringer wirklich? Sie können einem sicher das Gefühl geben, Glück zu haben, und die meisten Menschen haben bemerkt, dass sie, wenn sie daran glauben, auch wirklich Glück haben.

Zombies

Voodoo ist ein religiöser Kult auf den Westindischen Inseln, der auch Elemente aus der Hexerei miteinbezieht. Viele Einwohner glauben dort an Zombies, sozusagen »lebende Tote«. Ein Geist ist eine Seele ohne Körper, doch ein Zombie ist genau das Gegenteil: ein Körper ohne Seele. Voodoo-Priester können bestimmte schnell wirkende Gifte beutzen, um eine Person in einen totenähnlichen Zustand zu versetzen. Nach dem Begräbnis gräbt der Zauberer, der ihn oder sie vergiftet hat, das Opfer wieder aus, setzt es unter Drogen und zwingt es, für ihn als Sklave zu arbeiten.

»... dieses leere Gesicht mit den toten Augen ...«

Zora Hurston spricht über einen echten Zombie

Die lebenden Toten

Im Oktober 1936 fand man in Haiti eine benommen umherstreunende Frau. Ihr Vater erkannte in ihr Felicia Felix-Mentor, die 1907 an einem Fieber verstorben und begraben worden war. Es scheint, als ob sie fast 30 Jahre als Sklavin für ihren Voodoo-Meister gearbeitet hätte, bevor sie schließlich entkam. Die amerikanische Wissenschaftlerin Zora Hurston, die Felicia untersuchte, bemerkte die schreckliche Leere in ihren Augen – obwohl Felicia lebendig war, schien sie für alles in ihrer Umgebung taub.

Felicia Felix-Mentor, ein 1936 gefundener Zombie

Abbildung eines Hollywood-Zombies

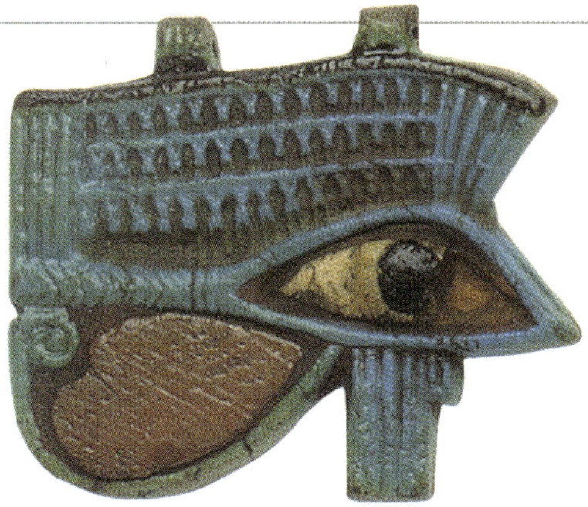

Das Auge des Horus

Geschnitzter Holzkopf aus Westafrika

Das Böse abschrecken

Oben abgebildet ist ein Amulett oder Glücksbringer aus dem alten Ägypten, der auf mumifizierte Körper gelegt wurde, um sie zu beschützen. Das Auge gehört dem Gott Horus und besaß Heilkraft. Auch im 20. Jahrhundert werden noch immer Amulette verwendet, um Krankheiten zu heilen und Böses abzuhalten – viele davon werden von afrikanischen Medizinmännern hergestellt. Dieser geschnitzte Frauenkopf (rechts) wurde an einem Dorfeingang aufgestellt, um böse Geister abzuschrecken. Bei den geheimen Zeremonien des Stammes der Ibibio trägt man schreckliche Masken, um das Böse fern zu halten.

Japanischer Exorzismus, Darstellung aus dem 19. Jahrhundert

Böse Geister austreiben

Können böse Geister von uns Besitz ergreifen und uns dazu bringen, Dinge zu tun, die wir nicht tun wollen? In Japan glaubt man, dass Menschen von Tiergeistern besessen sein können. Viele Religionen glauben an Besessenheit und verfügen über bestimmte Rituale und Gebete, um den bösen Geist auszutreiben. So eine Zeremonie nennt man »Exorzismus«. In den meisten Ländern ist der Exorzist ein Priester oder Medizinmann, der mächtige Zauberei einsetzt. Der Priester wendet sich direkt an den Geist und befiehlt ihm, sein Opfer zu verlassen.

Himmlische Wunder

Täglich ereignen sich irgendwo auf der Welt außergewöhnliche Ereignisse und fantastische Visionen. Ende des 20. Jahrhunderts setzen diese Rätsel die Experten noch immer in Erstaunen. Glühende Lichter am Himmel, wundersame Heilung schwerer Krankheiten und Heimsuchungen von Engeln scheinen die wissenschaftlichen Gesetze außer Kraft zu setzen. Die Welt des Übersinnlichen ist lebendig wie eh und je.

Pilger in Lourdes (Frankreich)

Visionen am Himmel

Am 13. Mai 1917 sahen drei Kinder in der Nähe von Fatima (Portugal) die leuchtende Gestalt einer Frau über einem Baum. Sie sagte ihnen, sie käme vom Himmel und würde sechs Monate lang stets am gleichen Tag des Monats erscheinen. Viele Menschen kamen an diesen Ort, doch nur die Kinder konnten sie sehen. Als sich am 13. Oktober 1917 schließlich tausende Menschen in strömendem Regen versammelt hatten, senkte sich eine leuchtende Scheibe vom Himmel hernieder. Als das Licht verschwand, stellten die Leute erstaunt fest, dass ihre Kleider völlig trocken waren.

Wunderheilungen

Am 11. Februar 1858 sah ein 14-jähriges Mädchen namens Bernadette Soubirous die Vision einer Frau in Weiß in der Nähe einer Höhle in Lourdes (Frankreich). Die Frau sagte ihr, sie solle in der Höhle graben, und eine Quelle sprudelte hervor. Das Wasser aus dieser Quelle soll Heilkräfte besitzen. Jedes Jahr pilgern kranke Menschen aus aller Welt nach Lourdes, und viele kehren geheilt nach Hause zurück. Für Gläubige besteht kein Zweifel daran, dass die Erscheinung die Jungfrau Maria war.

Register

Engel auf einem Farbglasfenster

Botschafter von oben

»Engel« stammt aus dem Hebräischen und bedeutet »Botschafter«. In der Bibel sind die Engel die Botschafter Gottes, die den Menschen gute Nachrichten bringen und ihnen helfen. Viele Menschen haben sich bereits von einem »Schutzengel« beschützt gefühlt. 1985 wurde die Amerikanerin Shari Peterson in einen Flugzeugabsturz verwickelt. Sie glaubt, dass es die Stimme eines Engels war, die ihr Leben rettete, in dem sie ihr Sekunden, bevor ein Teil des Flugzeugs wegbrach, sagte, sie solle Ihren Sicherheitsgurt anlegen.

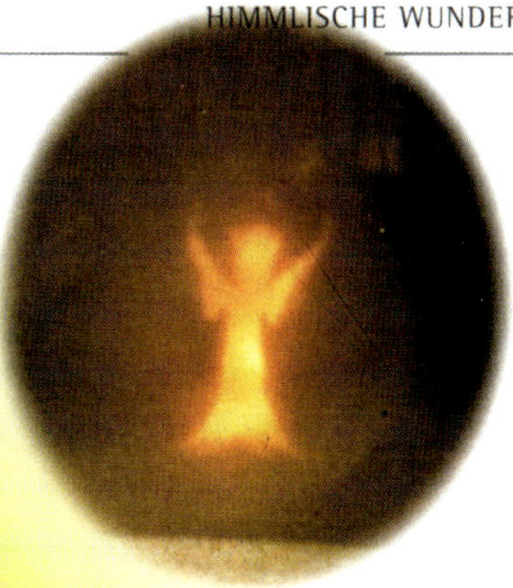

Ein modernes Wunder?

Am Tage nach dem Tod seiner Mutter machte ein Schweizer namens Silvio 1978 dieses Foto von einem Lichtball (oben). Als es entwickelt wurde, zeigte sich eine ungewöhnliche Gestalt. War das Silvios Mutter? Oder eine Art von Energie, die durch die Kraft von Silvios Verstand zu einer menschlichen Figur geformt wurde? Oder war es ein Engel, der ihm Trost spenden sollte?

» Das Licht tanzte am Himmel. «

Augenzeugin aus Fatima (Portugal)

Pilger beobachten die Erscheinung in Fatima (Portugal)

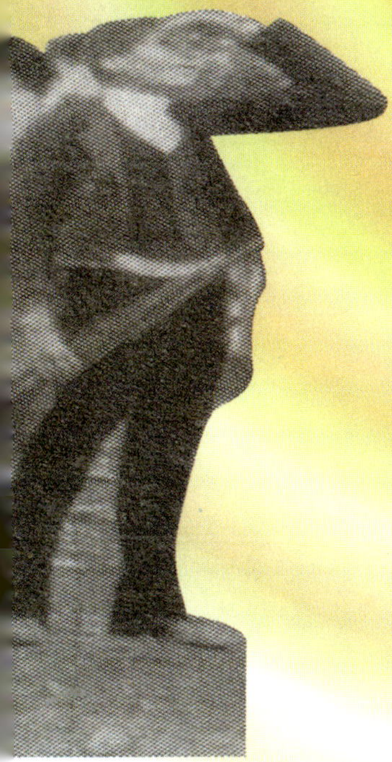

Foto, aufgenommen in einer ungarischen Kirche

Erscheinung von Maria und Jesus?

Am 3. September 1989 bat Károly Ligeti einen Mann, ein Foto von ihm in der Kirche von Karácsond (Ungarn) aufzunehmen. Dieses Foto (oben) entstand, als Ligeti plötzlich eine weibliche Gestalt sah, von Licht umgeben, die ihre Hand auf die Schulter eines Kindes legte. Könnten das die Jungfrau Maria und Jesus gewesen sein?

Die Engel von Mons

Darstellung der Engel von Mons

Am 29. September 1914 veröffentlichte eine britische Zeitung einen Bericht von Arthur Machen, der behauptete, dass bei der Schlacht von Mons in Frankreich geisterhafte Bogenschützen erschienen wären. Der Geschichte zufolge liefen die deutschen Soldaten beim Anblick dieser »Engel« um ihr Leben. Als die britischen Truppen schließlich aus Mons zurückkehrten, behaupteten viele, diese Engel wirklich gesehen zu haben. Machen bestand darauf, dass er die Geschichte erfunden habe, doch die Soldaten konnten detaillierte Berichte über die himmlischen Besucher abgeben.

Phänomene des Unbekannten

UFOs und Aliens

Inhalt

Einführung

Auf dieser Zeichnung aus dem Jahr 1880 verschleppen Elfen gerade ein Kind

Ich fing an mich für UFOs und Außerirdische zu interessieren, als mir eine Freundin aus meinem Dorf in Cornwall (England) erzählte, dass sie ein UFO gesehen hatte. Sie war mitten in der Nacht aufgewacht und hatte einen hellen Lichtschein bemerkt, der in ihr Schlafzimmer fiel. Draußen hatte sie dann ein untertassenförmiges Gebilde entdeckt, das vor ihrem Fenster schwebte. Danach war es plötzlich emporgestiegen und verschwunden. Meine Freundin war daraufhin so durcheinander gewesen, dass sie die ganze Nacht kein Auge mehr zugetan hatte.

Während der letzten 50 Jahre erlebten tausende von Menschen auf der ganzen Welt ähnliche »Sichtungen«. Zuerst nannte man die fremdartigen Gebilde »fliegende Untertassen«, weil sie sich so fortbewegten wie eine Untertasse, die man über das Wasser hüpfen ließ. In vielen Fällen stellte sich anschließend heraus, dass es sich um Flugzeuge, Wetterballons oder natürliche Erscheinungen gehandelt hatte. Aber alles, für das man keine Erklärung fand, nannte man UFO (Unbekanntes Flugobjekt, vom englischen »Unidentified Flying Object«).

Viele Menschen glauben, dass UFOs schon seit Jahrhunderten die Erde besuchen. Einige meinen, die Kobolde und kleinen Geschöpfe aus den Märchen seien in Wirklichkeit Besucher aus dem Weltraum – »Außerirdische« also.

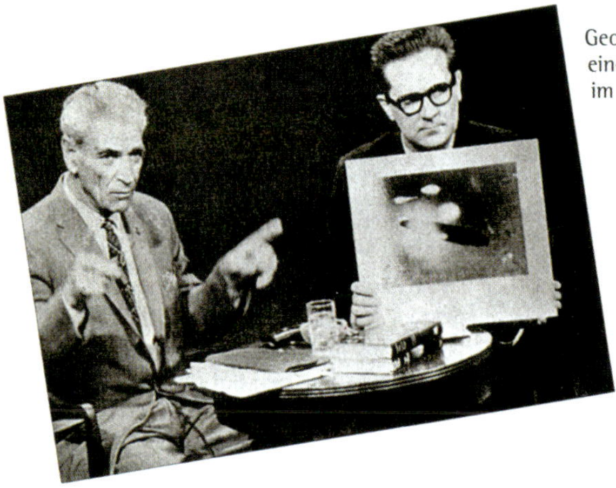

George Adamski bei einem Fernseh-Interview im Jahr 1953

Gibt es Aliens dort draußen?

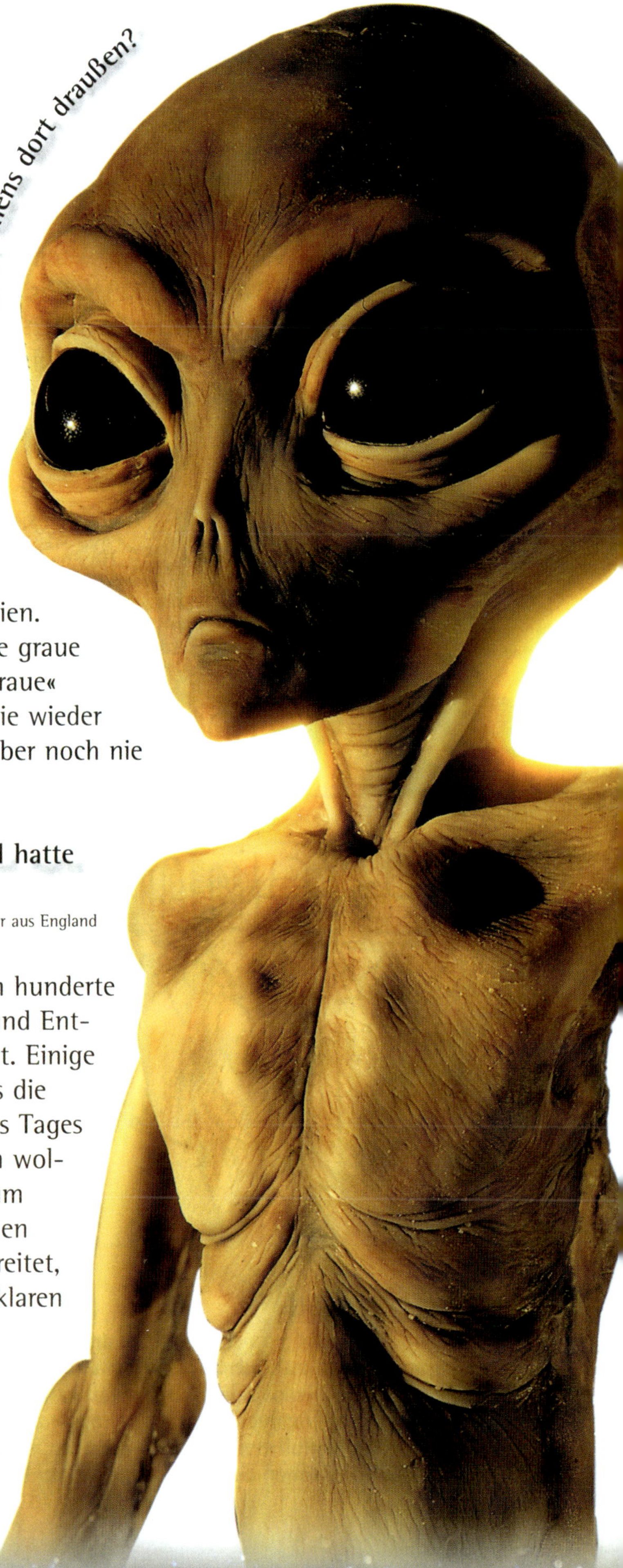

1953 schilderte George Adamski aus dem US-Bundesstaat Kalifornien eine unheimliche Begegnung mit einem Wesen von der Venus – ein Schwindel, wie sich jedoch bald herausstellte.

Viele Menschen behaupten, dass sie von Außerirdischen entführt und auf ein UFO verschleppt worden seien. Seit 1970 werden Außerirdische immer wieder als kleine graue Geschöpfe mit großen Augen beschrieben, oft auch »Graue« genannt. Manchmal vergessen die Entführten, sobald sie wieder freigelassen wurden, was mit ihnen passiert ist; es ist aber noch nie jemand verletzt worden.

»Er war kaum größer als ein Kind und hatte riesige, dunkle Katzenaugen . . .«

Ein Entführter aus England

Foto von einem UFO über São Paulo in Brasilien

Jedes Jahr werden hunderte neuer Sichtungen und Entführungen gemeldet. Einige Leute glauben, dass die Außerirdischen eines Tages auf der Erde landen wollen; andere wiederum meinen, dass es ihnen diebischen Spaß bereitet, uns bewusst im Unklaren zu lassen . . .

Colin Wilson

UFOs im Wandel der Zeit

Die »UFO-Manie« unserer Tage nahm 1947 damit ihren Anfang, dass Kenneth Arnold eine fliegende Untertasse sichtete. Doch viele geschichtliche Aufzeichnungen deuteten bereits vorher auf UFOs hin. Im alten Ägypten wurde um 1500 v. Chr. von einem »Feuerkranz« berichtet, der am Firmament seine Bahn zog. 329 v. Chr. beobachtete Alexander der Große »zwei glänzende Silberschilde«, die aus den Wolken herabsausten. Andere alte Kulturen wie die Dogon in Afrika oder die australischen Aborigines kennen ebenfalls Erzählungen von Besuchern aus dem All.

Rindenbild eines Wondjina

Geister am Himmel

Nach einem Schöpfungsmythos der Aborigines wurde die Welt von »Wondjina«-Geistern erschaffen, die mit Raumschiffen aus anderen Welten zur Erde gekommen waren. Nachdem sie ihr Vorhaben auf der Erde ausgeführt hatten, hinterließen sie auf Baumrinden Abbildungen von sich selbst. In vielen alten Kulturen gibt es Bilder von Wesen, die außerirdischen Astronauten ähneln.

Feuerkugeln über Basel im Jahr 1566

Grosse Feuerkugeln

Aus dem Mittelalter gibt es viele Berichte von seltsamen Scheiben und Kugeln, die plötzlich am Himmel auftauchten. Am 7. August 1566 wurden die Bürger von Basel Zeuge eines sehr merkwürdigen Sonnenaufgangs: Dutzende von schwarzen Kugeln erschienen am Firmament, wurden »glutrot« und verschwanden schließlich wieder. Ein ähnlicher Vorfall ereignete sich 1561 am Himmel von Nürnberg: Schwarze und blutrote Kugeln schienen dort mit riesigen roten Kreuzen zu kämpfen.

». . . ein gar fürchterlich spectaculum . . .«

Nürnberger Augenzeuge, 1561

Geheimes Sternenwissen

Der Sirius hat einen Begleiter

Das im westafrikanischen Staat Mali lebende Volk der Dogon scheint über ein astronomisches Wissen zu verfügen, das Wissenschaftler immer wieder verblüfft. So wussten diese einfachen Hirsebauern – das entdeckten die beiden französischen Forscher Marcel Griaule und Germaine Dieterlen 1931 –, dass der hell leuchtende Stern Sirius einen unsichtbaren Begleitstern hat (Sirius B) und dass dieser 50 Jahre braucht, um einmal seine eiförmige Bahn zu durchlaufen. Die Dogon behaupteten dieses Wissen von Wesen aus dem All zu haben, die sie Nommo nannten. Sie glaubten auch, dass Sirius B sehr schwer sei. Erst vor kurzem haben Astronomen Sirius B entdeckt und herausgefunden, dass es sich dabei um einen »weißen Zwerg« handelt. Schon ein winziges Stück dieses in sich zusammengefallenen Sterns wiegt viele Tonnen.

Auf diesen Höhlenmalereien haben die Dogon die Götter aus dem All abgebildet, die sie Nommo nennen

Mit Ritualen ehren die Dogon die Götter, die ihnen das Wissen über Sirius schenkten

Die Feuerkugel ähnelt modernen Beschreibungen von UFOs

»... und mitten im Feuer war es wie blinkendes Kupfer.«

Hesekiel 1,4

Biblisches UFO?

Um etwa 592 v. Chr. machte der biblische Prophet Hesekiel folgende Beobachtung: »Und ich sah ... eine mächtige Wolke und loderndes Feuer und Glanz war rings um sie her und mitten im Feuer war es wie blinkendes Kupfer.« Weiter beschreibt er vier Lebewesen mit Flügeln und Beinen. Viele Forscher meinen, dass sich Hesekiel auf ein außerirdisches Raumschiff und seine Besatzung bezogen haben könnte.

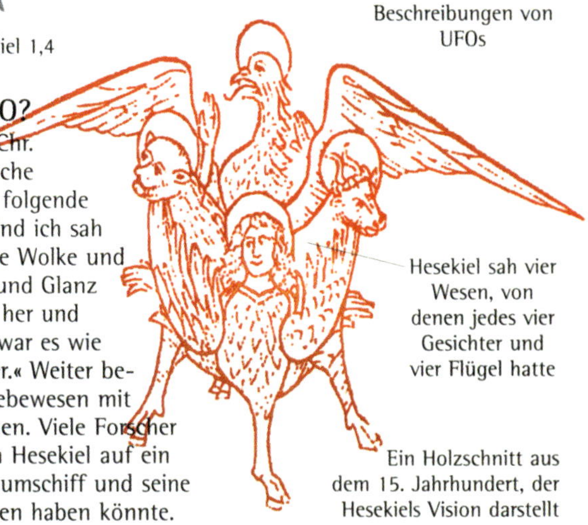

Hesekiel sah vier Wesen, von denen jedes vier Gesichter und vier Flügel hatte

Ein Holzschnitt aus dem 15. Jahrhundert, der Hesekiels Vision darstellt

Heilige Stätten

Diese Tafelberge (»Mesas«) liegen im Monument Valley (US-Bundesstaat Utah) und sind den dort lebenden Navajo-Indianern heilig. In ihrer Mythologie gelten diese bizarren Felsformationen als der Ort, wo ihre Götter auf der Erde landeten.

Heilige Mesas im Monument Valley, Utah, USA

Botschaften aus dem All

Viele Menschen glauben, dass uns erst in jüngster Zeit Wesen von anderen Planeten besuchten. Der französische UFO-Experte Jacques Vallee wies auf die bemerkenswerten Ähnlichkeiten hin, die viele Berichte von fliegenden Untertassen und ihrer Besatzung mit Elfen- und Engelsgeschichten aus der volkstümlichen Überlieferung aufweisen. Der Schweizer Schriftsteller Erich von Däniken behauptet, außeridische Astronauten hätten die Erde in früheren Zeiten besucht und bei der Errichtung einiger großartiger Monumente mitgeholfen. Ein Hinweis darauf, dass Außerirdische auch in jüngster Zeit versucht haben Kontakt mit uns aufzunehmen, ist möglicherweise das Auftauchen der komplexen Kornkreise.

Aliens in Engelsgestalt
Geschichten über Aliens haben viel mit Engelsgeschichten gemeinsam. Wie die Engel scheinen Aliens manchmal Botschaften von einer anderen Welt zu bringen.

Elfen aus dem Weltraum?
Unirdische Wesen wie Elfen oder Kobolde gibt es in der volkstümlichen Überlieferung schon seit hunderten von Jahren. In vielen Sagen und Märchen werden Kinder von Elfen entführt. In neueren Berichten von Verschleppungen durch Außerirdische sind die Opfer sowohl Kinder als auch Erwachsene.

Elfen rauben ein Kind

Ein schelmischer Kobold
Eine Gestalt in volkstümlichen englischen Sagen ist der Will o' the Wisp. Er schwebt leuchtend über dem Boden, fast so wie die seltsamen, wandernden Lichter, die heutzutage als UFOs bezeichnet werden.

Korn-Kommunikation

Kornkreise wurden 1980 erstmalig in England entdeckt; man findet sie heute auf der ganzen Welt. Bei den frühesten Exemplaren war das Korn einfach zu einer Kreisform niedergedrückt; bald darauf wurden die Kreise aber immer komplexer. Kornkreise, wie die rechts abgebildeten, können nicht auf eine natürliche Ursache – etwa einen Wirbelsturm – zurückgeführt werden. Mancher vermutet, dass sie von Besuchern aus dem All angelegt wurden, die auf diese Weise versucht haben mit uns in Kontakt zu treten.

Erich von Dänikens sonderbare Theorie

1968 landete Erich von Däniken mit seinem Buch Erinnerungen an die Zukunft – Ungelöste Rätsel der Vergangenheit einen Welt-Bestseller. Darin legt Däniken seine Theorie dar, dass die Erde vor langer Zeit von außerirdischen Wesen besucht worden sei, die solche Monumente wie die Pyramiden, die Sphinx, Stonehenge und die Steinbüsten auf der Osterinsel gebaut hätten. Er glaubte, diese eindrucksvollen Bauwerke seien zu mächtig und zu komplex, als dass sie Menschen ohne fremde Hilfe hätten errichten können. Die meisten Theorien von Dänikens wurden mittlerweile von Historikern widerlegt, die sich jahrelang wissenschaftlich mit diesen Stätten auseinander gesetzt haben.

Die Steinköpfe der Osterinsel
Von Däniken behauptete, dass »nicht einmal 2 000 Tag und Nacht arbeitende Männer es fertig bringen können, diese grandiosen Statuen aus dem Felsen zu meißeln«. Falsch! Der Forscher Thor Heyerdahl wies nach, dass ein paar Dutzend Personen es sehr wohl schaffen können, die Statuen aus Stein zu hauen und zu bewegen.

Die Sphinx
Es gibt jetzt Beweise dafür, dass die ägyptische Sphinx nicht, wie man bisher annahm, um 2500 v. Chr., sondern möglicherweise schon tausende von Jahren früher erbaut wurde – allerdings nicht von Besuchern aus dem All, sondern von Überlebenden einer früheren Zivilisation.

Die Pyramiden von Giseh
Um nachzuweisen, dass die Pyramiden von Giseh in Ägypten nicht von Menschen erbaut worden sein konnten, beging von Däniken bewusst einen Rechenfehler – er verfünffachte einfach ihr tatsächliches Gewicht.

Diese Kornkreise wurden im Juli 1990 in Alton Barnes in der englischen Grafschaft Wiltshire entdeckt

Die Steine dienten der Berechnung der Sonnen- und Mondphasen

Die großen, aufrecht stehenden Sandsteinblöcke wurden aus den Marlborough Downs herbeigeschafft

Der Große Steinkreis von Stonehenge
Von Däniken behauptete, dass Stonehenge für die Menschen, die um 3000 v. Chr. lebten, zu schwierig zu bauen gewesen wäre. Heute wissen wir, dass die Steine auf Walzen zur Salisbury-Ebene hätten gezogen werden können und dass Stonehenge ein riesiger Sonnen- und Mondkalender war.

Wurden diese Kreise von außerirdischen Wesen mithilfe uns unbekannter Kräfte erschaffen?

Erste Sichtungen

Schon seit Jahrhunderten hat man am Himmel unheimliche und seltsame Dinge beobachtet. Für viele von ihnen gibt es keine Erklärung. Scheinbar handelt es sich dabei weder um Geheimwaffen noch natürliche Erscheinungen, sondern um Unbekannte Flugobjekte (UFOs). Die Bezeichnung »fliegende Untertasse« wurde zum ersten Mal im Jahr 1947 verwendet, nachdem Kenneth Arnold von Objekten berichtet hatte, die über den Himmel »gehüpft« waren. Es war gleichzeitig die Geburtsstunde der großen UFO-Manie.

Kenneth Arnold

1948 titelte das Magazin Fate in seiner Frühjahrsausgabe ganz groß mit Arnolds Geschichte

Fliegende Untertassen

Am 24. Juni 1947 flog der aus Idaho stammende Amerikaner Kenneth Arnold mit seinem Flugzeug über die im US-Bundesstaat Washington gelegenen Cascade Mountains. Plötzlich entdeckte er neun v-förmige Objekte, die mit einer Geschwindigkeit von ca. 2 700 km/h dahinrasten. Er verglich den Flug dieser Raumfahrzeuge mit dem »einer Untertasse, die man flach über das Wasser hüpfen lässt«, und schuf somit den Begriff »fliegende Untertasse«.

Zeichnung von einem Luftschiff, das im Jahr 1909 über dem englischen Peterborough gesichtet wurde

Mysteriöse (Alpt-)Raumschiffe

Im Jahr 1909 wurden reihenweise geheimnisvolle Luftschiffe gesichtet, die man bald nur noch als »Alptraumschiffe« bezeichnete. Sie tauchten gleichzeitig über England und Neuseeland auf, über Ländern also, die kaum weiter voneinander entfernt hätten liegen können. Das erste von ihnen wurde am 23. März 1909 im englischen Peterborough gesichtet, und zwar von zwei Polizisten gleichzeitig, die sich jedoch in verschiedenen Stadtteilen aufhielten. Die Beobachtung der Raumschiffe war insofern besonders außergewöhnlich, als weder Großbritannien noch Neuseeland zu diesem Zeitpunkt über Luftschiffe verfügte.

»Höllenhunde« und eine Maschine der US Air Force im Jahr 1944

Höllenhunde

Während des Zweiten Weltkriegs berichteten amerikanische Kampfpiloten von feuerroten Lichtern, die ihre Maschinen verfolgen. Sie nannten sie »Höllenhunde« und nahmen an, dass es sich bei ihnen um eine Geheimwaffe handelte. Untersuchungen ergaben jedoch, dass deutsche und japanische Piloten sie auch gesehen hatten.

»15 nicht identifizierbare Raumschiffe befanden sich über Los Angeles . . .«

General Marshall

Angriff auf Los Angeles

Rätselhafte Objekte tauchten am 25. Februar 1942 am Himmel von Los Angeles auf. Zunächst spürte man die Raumschiffe mit Suchscheinwerfern auf, dann feuerte man mit Flugabwehrkanonen auf sie. Die schnell fliegenden Raumfahrzeuge erwiderten das Feuer nicht. Obwohl sie aber offensichtlich getroffen worden waren, wurden sie nicht beschädigt. Es ist nie gelungen diese seltsamen Flugobjekte zu identifizieren.

Suchscheinwerfer sind auf die Flugobjekte über Los Angeles gerichtet

UFO oder Staubsauger?

Adamskis Foto von einem UFO, aufgenommen im Jahr 1952

Dieses berühmte Foto von einem gefälschten UFO wurde von George Adamski aufgenommen. Es handelt sich dabei mit großer Sicherheit um das obere Gehäuseteil eines Staubsaugers. Adamski behauptete mehrfach, dass er Kontakt mit Außerirdischen gehabt hätte; er nannte sich gerne »Professor« und ließ kaum eine Gelegenheit aus durchblicken zu lassen, dass er am kalifornischen Mount-Palomar-Observatorium arbeitete. Das stimmt tatsächlich – allerdings war er in Wirklichkeit in einem Schnellrestaurant angestellt, das am Fuße des Mount Palomar lag!

Lichter und fliegende Untertassen

In den fünfziger Jahren waren UFOs in aller Munde. Aus der ganzen Welt wurden abertausende von seltsamen und gespenstischen Erscheinungen gemeldet und Dutzende von Büchern und Filmen handelten von ihnen. Bald hielt jeder Ausschau nach fliegenden Untertassen und geheimnisvollen Lichtern. Vielen Menschen gelang es, ihre Beobachtungen auf Film zu bannen. Natürlich waren nicht alle Berichte und Fotos echt, sondern – manchmal sehr geschickte – Fälschungen.

Die sonderbaren »Lichter von Lubbock die Aufnahme wurde am 30. August 1945 gemacht, fünf Tage nachdem man sie zum ersten Mal gesehen hatt

Die Lichter von Lubbock

Als vier Universitätsprofessoren am 25. August 1945 den Himmel über der texanischen Stadt Lubbock beobachteten, entdeckten sie plötzlich eine faszinierende Formation aus ca. 20 bis 30 Lichtern, die zusammen ein riesiges umgedrehtes V bildeten. Eine Radarstation verfolgte den Weg der Lichter und kam zu dem Ergebnis, dass sie sich mit einer Geschwindigkeit von 1 450 km/h fortbewegten. Flugzeuge waren sofort aufgestiegen, um den Ursprung der Lichter ausfindig zu machen, jedoch ohne Erfolg.

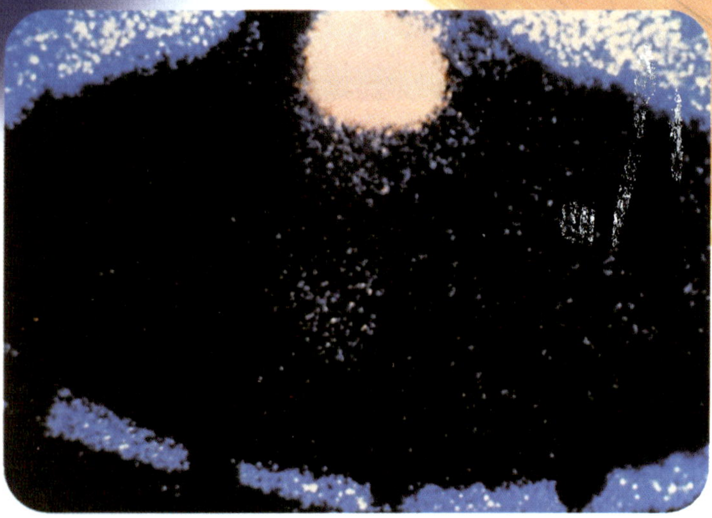

Ein Standbild aus dem UFO-Film, den Matthews im australischen Alberton drehte

Hell strahlendes Raumschiff

Ellis Matthews aus dem australischen Alberton filmte am 5. Juni 1967 in der Nähe seines Hauses ein UFO. Die Filmentwicklung enthüllte ein dreieckiges Raumschiff in einem gleißenden Lichtstrahl.

Foto von einem UFO über Trinidad

Rasendes Raumfahrzeug

An Bord des brasilianischen Kriegsschiffs Almirante Saldhana gelangen einem Fotografen am 16. Januar 1958 vier faszinierende Aufnahmen. Sie zeigen ein eigenartiges UFO, das über die im Südatlantik gelegene Insel Trinidad hinwegsaust. Nach den Schilderungen der Besatzungsmitglieder war es so wie der Planet Saturn von einem Ring umgeben.

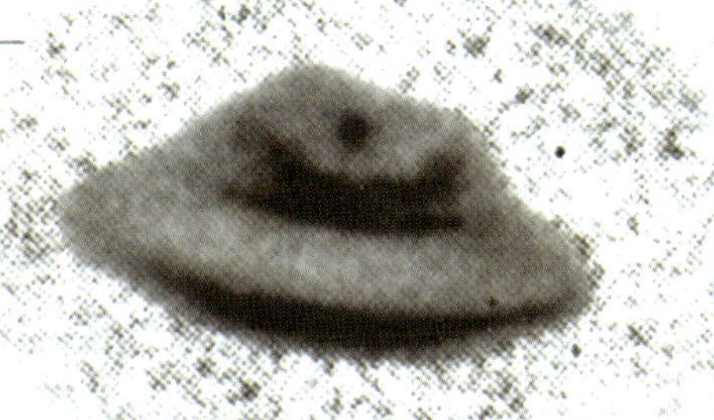

Dieses Foto von Gordon Falkner zeigt das erste UFO von Warminster.

Die Wunder von Warminster

In Warminster, das in der englischen Grafschaft Wiltshire liegt, wurden bereits zahlreiche UFOs, Irrlichter, Geister und andere unerklärliche Erscheinungen beobachtet. 1965 berichteten mehrere Personen, sie hätten UFOs in der Nähe der Stadt gesehen. Man glaubt, dass Warminster ein »Schleusenbereich« ist, d. h. ein besonderer Ort, an dem häufig UFOs auftauchen.

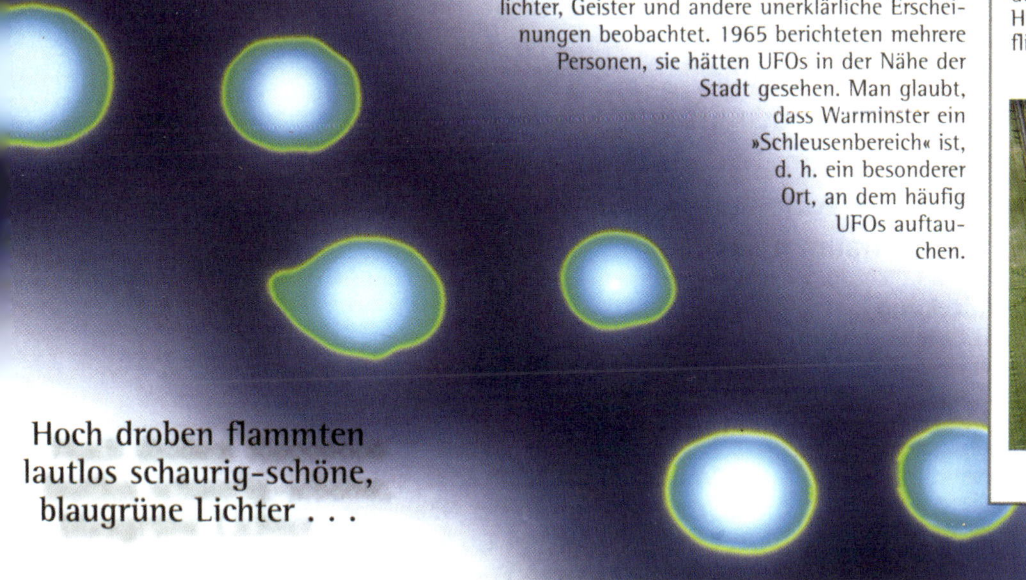

Hoch droben flammten lautlos schaurig-schöne, blaugrüne Lichter . . .

UFO-Horste

Viele glauben, dass alte Kultstätten durch unsichtbare Kraftlinien, so genannte »Flurlinien«, miteinander verbunden sind. Diese Linien können von bestimmten Menschen vor allem in der Nähe von Steinkreisen, alten Kirchen oder Hügelgräbern aufgespürt werden. Viele Leute haben UFOs dort gesehen, wo Flurlinien aufeinander treffen. Hügelgräber wurden oft auch als UFO-»Horste« beschrieben, d. h. Orte, an denen UFOs landen. Von oben sehen Hügelgräber tatsächlich ein bisschen wie fliegende Untertassen aus.

Hügelgräber in Dorset, England

Echt oder gefälscht?

Außerirdischer im Modellformat

Die Berge im Hintergrund dieses Fotos, die zur schweizerisch-italienischen Berninagruppe gehören, sind echt, das »Raumfahrzeug« und der »Außerirdische« im Vordergrund jedoch nicht. Bei beiden handelt es sich um kleine Modelle. Gianpetro Monguzzi fälschte dieses Foto im Juli 1952.

Doppelfoto

Dieses gefälschte Foto aus dem Jahr 1954 wurde aus zwei Aufnahmen zusammengesetzt. Die eine zeigt vier Männer im sizilianischen Taormina, die andere eine ungewöhnliche Wolkenformation.

Fliegender Knopf

Auf diesem Foto sollte angeblich ein UFO zu sehen sein, das gerade über Venezuela fliegt. In Wahrheit handelt es sich bei dem »Raumschiff« um einen Knopf. Die Aufnahme wurde 1963 von einem Piloten fabriziert.

JÜNGSTE SICHTUNGEN

Genauso wie vor 50 Jahren werden auch heute regelmäßig UFOs gesichtet. Ständig vermelden Zeugen aus aller Welt Beobachtungen von eigenartigen Lichtern und merkwürdigen Raumfahrzeugen. Erst vor kurzem wurden faszinierende Raumschiffe gesehen; einige davon waren riesengroß und komplex aufgebaut. Obwohl Raumfahrzeuge manchmal über großen Städten auftauchen, werden oft nur wenige Menschen Zeuge davon. UFOs wurden möglicherweise sogar von Astronauten gesehen, die sich gerade im Weltraum befanden.

Seltsame Entdeckung
Das Spaceshuttle Discovery (dt. »Entdeckung«, links) startete 1988 zu einem Flug ins All. Ein Schwarzfunker berichtete, er sei Zeuge einer interessanten Übertragung vom Shuttle geworden: Besatzungsmitglieder hatten behauptet ein außerirdisches Raumfahrzeug gesehen zu haben.

DER VORFALL VOM RENDLESHAM FOREST

Eine der wichtigsten UFO-Sichtungen der achtziger Jahre ereignete sich in der Nähe eines US-Luftwaffenstützpunktes in der englischen Grafschaft Suffolk. Am 27. Dezember 1980 machten sich Wachen daran, die Herkunft von ungewöhnlichen Lichtern zu untersuchen, die im Redlesham Forest in der Nähe des Royal-Air-Force-Stützpunktes Woodbridge aufgetaucht waren. Die Wachen berichteten anschließend von einem flammenden Objekt, das über den Baumwipfeln schwebte. Ein farbloses Licht aus dem Raumschiff erhellte den Wald. Außerdem sah man ein merkwürdiges rotes Licht, das plötzlich in fünf weiße Objekte zersplitterte, die dann verschwanden. Am nächsten Tag fand man Spuren und führte Strahlungsmessungen durch. Ein Jahr später bestätigte die Luftwaffe den Vorfall.

Gespenstische Lichter im Redlesham Forest (Suffolk, England)

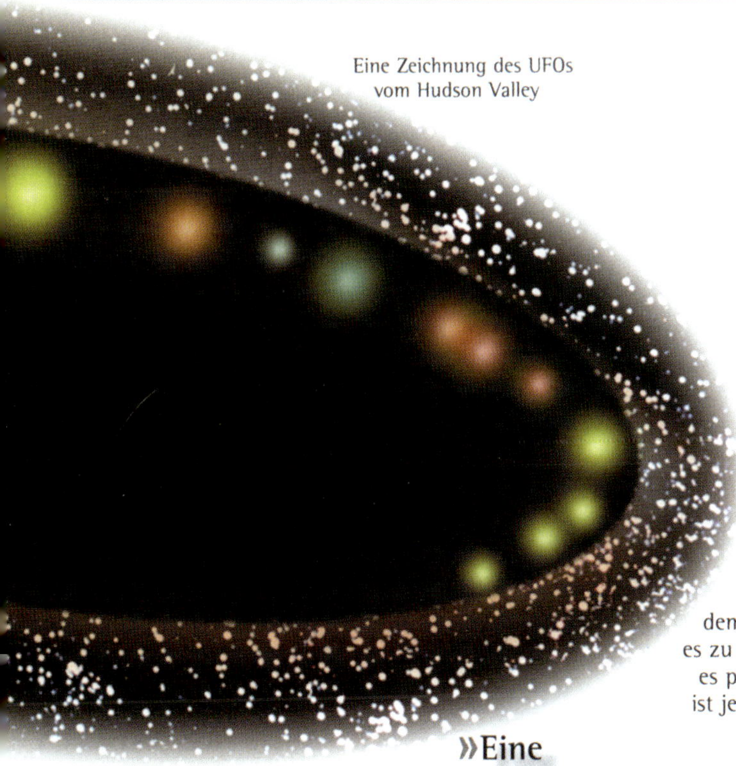

Eine Zeichnung des UFOs vom Hudson Valley

Überraschende Entwicklung

Als Peregrine Mendoza im Januar 1996 dieses Foto vom Pferde-Museum im amerikanischen Bundesstaat New Mexico knipste, war das merkwürdige Gebilde am Himmel noch nicht zu sehen. Erst bei der Entwicklung des Films tauchten die rätselhaften Schlieren auf.

Fliegende Untertasse über Somerset

Jeremy Johnson entdeckte 1992 über der englischen Grafschaft Somerset ein »rundes weißes Objekt«, das kein Stern sein konnte, da es zu hell leuchtete und außerdem zu nahe war. In dem Moment, als er versuchte es zu fotografieren, verschwand es plötzlich. Auf dem Foto (rechts) ist jedoch noch der Umriss einer fliegenden Untertasse zu erkennen.

.ichterkranz

:wischen 1982 und 1987 sahen ber 5 000 Menschen ein UFO in er Nähe des Hudson Valley im JS-Bundesstaat Massachusetts. Es var unter anderem die Rede von reieckigen, kreis- und bumerangörmigen Objekten. Am 11. Juni 987 gelang es, ein kreisförmiges FO abzulichten. Es handelte sich ım eine riesige schwarze Scheibe, ie von vielen bunten Lichtern ekränzt war.

»Eine gewaltige, tiefschwarze, stille Erscheinung . . .«

Michael Newell, Augenzeuge

Ein Bild des UFOs über dem englischen Manchester aus der Hand des Computer-Künstlers Harold Withers

Raumschiff in den Wolken

Durch die Wolken hindurch sah Mark Lloyd dieses UFO am 6. Januar 1996 in der Nähe der englischen Stadt Manchester. Nach Lloyds Beschreibung fertigte ein Computergrafik-Spezialist dann dieses Bild an. Das UFO war auch von zwei Piloten gesehen worden.

Blendend weiße Lichter über Brasilien

Nirgendwo sonst auf der Welt wurden bislang mehr UFOs gesichtet als in Brasilien. Am 9. Mai 1984 wurde ein riesiges leuchtendes Objekt über der geschäftigen Innenstadt von São Paulo fotografiert.

Foto von einem flammenden Gebilde über São Paulo (Brasilien)

Was haben sie wirklich gesehen?

Nur etwa zehn Prozent aller UFO-Sichtungen werden von Forschern als echt eingestuft. In etlichen Fällen gibt es natürliche Erklärungen wie Satelliten oder Meteoriten. In anderen Fällen stellte sich heraus, dass es sich um Tests neuer Waffen oder Flugzeuge gehandelt hat. Ungewöhnliche, aber dennoch natürliche Erscheinungen wie Kugelblitze oder das Polarlicht sorgen ebenfalls für Aufsehen. Sogar recht herkömmliche Dinge – wie etwa ein Planet, den man von einem neuen Blickwinkel aus betrachtet – können fälschlicherweise für UFOs gehalten werden.

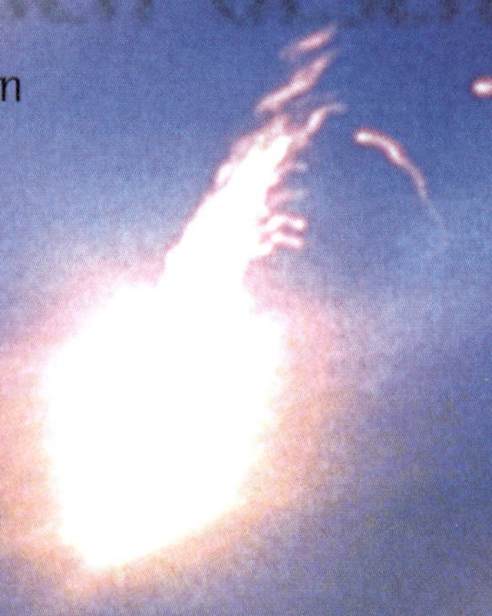

Flammende Kugeln
Kugelblitze sehen aus wie orange, gelbe oder weiße Kugeln, die etwa die Größe eines Fußballs haben. Sie durchdringen leicht Fenster, Türen und sogar Wände und können wie eine Bombe explodieren. Wissenschaftler nehmen an, dass Kugelblitze aus »Plasma« bestehen, d. h. aus hochenergetischen Teilchen, die durch elektrische Kräfte zusammengehalten werden.

Möglicherweise ein Kugelblitz (1978 in Vorarlberg/Österreich aufgenommen)

. . . sie sahen wie fliegende Untertassen aus . . .

Lentikularis-Wolken über Santos in Brasilien

Untertassen aus Wolken

Auf den ersten Blick könnte man linsenförmige Wolken (sog. Lentikularis-Wolken) vielleicht mit fliegenden Untertassen verwechseln. Beim zweiten Hinsehen wird man jedoch feststellen, dass es sich bei den langsam wandernden Wolken nicht um Raumschiffe handeln kann, da diese unglaublich rasch beschleunigen und dann mit hoher Geschwindigkeit davonfliegen.

Foto von »Erdlichtern«, während eines Erdbebens im japanischen Matsuschiro aufgenommen

Schaurige Erdlichter

In einigen Gegenden kommt es in Bodennähe oft zu einem merkwürdigen gelben oder weißen Leuchten. Forscher glauben an einen Zusammenhang zwischen den Bewegungen der Erdkruste und dem Auftauchen dieser flammenden Kugeln, »Erdlichter« genannt. Bauarbeiten oder Erdbeben üben Druck auf Gesteinsschichten aus und verursachen so möglicherweise diese Leuchterscheinung.

Nordlicht über Manitoba (Kanada)

Spuklichter

Ein anderer Erdlicht-Typ, der als »Spuklicht« bekannt ist, taucht seit fast 100 Jahren regelmäßig in der Nähe des texanischen Ortes Marfa auf: Große gelbe Kugeln von der Größe eines Basketballs schweben über dem Boden und flitzen scheinbar willkürlich herum. Manchmal scheint es, als ob die Spuklichter dazu aufforderten, ihnen zu folgen, nur um plötzlich davonzuzischen, wenn ihnen jemand zu nahe kommt. Bislang hat niemand eine befriedigende Erklärung für diese »intelligenten« spukhaften Lichter gefunden.

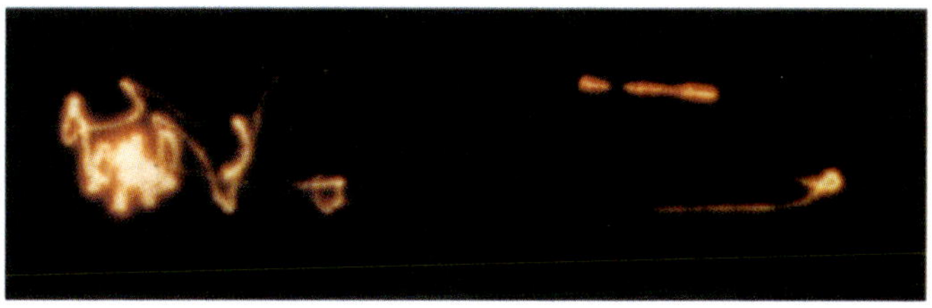

Im texanischen Marfa foppen flackernde Lichter die Beobachter

Faszinierendes Polarlicht

Eine atemberaubende, aber vollkommen natürliche Leuchterscheinung ist das Polarlicht, das man in der Nähe der Polarkreise beobachtet. (Am nördlichen Polarkreis spricht man vom Nordlicht, am südlichen vom Südlicht). Dieses Schauspiel von tanzenden Lichtern wird durch von der Sonne abgestrahlte geladene Teilchen verursacht, die auf Atome der Erdatmosphäre prallen und diese zum Leuchten anregen.

Etwa 22 000 Abfallstücke umkreisen die Erde

Meteoritenschweif über Britisch-Kolumbien (Kanada)

Sternschnuppen

Man könnte einen Meteoriten leicht für ein UFO halten. Ein Meteorit bzw. eine Sternschnuppe ist ein Stück Materie, das sich durch das Universum bewegt. Wenn es durch die Schwerkraft angezogen wird, fällt es in die Atmosphäre, heizt sich auf und verbrennt meistens in der Luft.

Weltraum-Müll

Der Weltraum rund um unseren Planeten verkommt langsam zu einer Art Müllhalde: Es wimmelt dort bereits von alten Raketenteilen und ausgemusterten Satelliten. Gelegentlich verlassen manche von ihnen ihre Umlaufbahn und stürzen auf die Erde herab – was man für UFOs halten könnte, die auf unseren Planeten zustreben.

RAUMFAHRZEUG-TYPEN

Die ursprünglichen »fliegenden Untertassen« der vierziger und fünfziger Jahre waren meistens flache, runde Objekte, die unheimlich schnell beschleunigen und, ohne abzubremsen, schlagartig die Flugrichtung wechseln konnten. Oft kehrten sie anschließend noch zu einem zigarrenförmigen »Mutterschiff« zurück. Aber das war es dann meistens auch schon. In den folgenden Jahren wurden die UFOs in den Beschreibungen freilich immer erstaunlicher und vielfältiger, was die Größe und vor allem die Form angeht: Jetzt gab es neben den fliegenden Untertassen auch kugelförmige und dreieckige Gebilde.

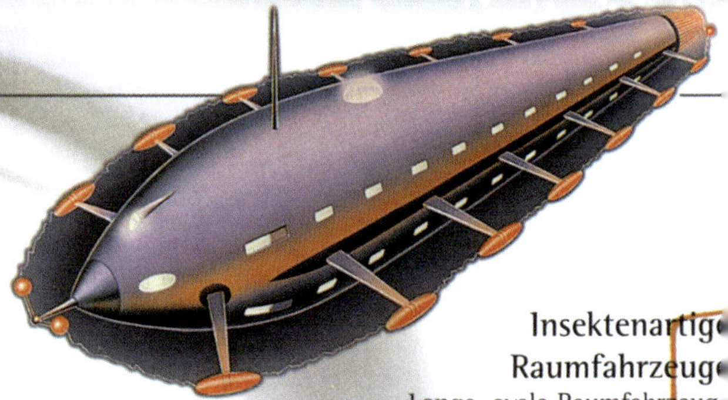

Insektenartige Raumfahrzeuge
Lange, ovale Raumfahrzeuge wie dieses hier sind oft beschrieben worden. Mit einer solchen Form wäre es sicher gut möglich, ohne Bremsmanöver in die Erdatmosphäre einzutreten. Die »Beine« an den Seiten des Raumfahrzeuges würden dann möglicherweise nach dem Eintritt in die Atmosphäre ausgefahren werden.

DIE KLASSISCHE »FLIEGENDE UNTERTASSE«

Dieser Raumfahrzeug-Typ ist von tausenden von Augenzeugen beschrieben worden. Fliegende Untertassen sind oft zu Flugmanövern fähig, die diejenigen unserer Düsenflugzeuge oder Raketen bei weitem übersteigen. Vor kurzem hat der amerikanische Ingenieur Kenneth Behrendt seine Antimaterie-Theorie vorgelegt, die vielleicht erklärt, wie es fliegenden Untertassen möglich ist, der Schwerkraft zu trotzen: Sie werden möglicherweise von »kosmischen Strahlen« angetrieben, einer Art hochenergetischer Weltraumstrahlung.

»Es ist uns noch nicht gelungen, die Aerodynamik dieser Raumfahrzeuge zu begreifen.«

Ein Experte der Luftwaffe

Zeichnung einer klassischen fliegenden Untertasse

Die »Belgischen Dreiecke«
Am 30. März 1990 gingen nachts bei der belgischen Luftwaffe 2 700 Meldungen über dreieckige Raumschiffe ein, die jeweils an den Ecken hell leuchteten und manchmal auch im Zentrum ein riesiges Licht aufwiesen. Die Raumfahrzeuge schwebten offenbar regungslos über dem Boden oder bewegten sich nur langsam mit ca. 40 km/h fort, schossen dann aber unvermittelt mit mehr als 1600 km/h davon.

Flammende Kugeln
Ballförmige Raumschiffe tauchen oft in Zeugenberichten auf. Sie leuchten zuweilen orange oder gelb. Ovale oder eiförmige Raumschiffe sind ebenfalls nicht ungewöhnlich; sie sind aber meistens weiß oder dunkelblau.

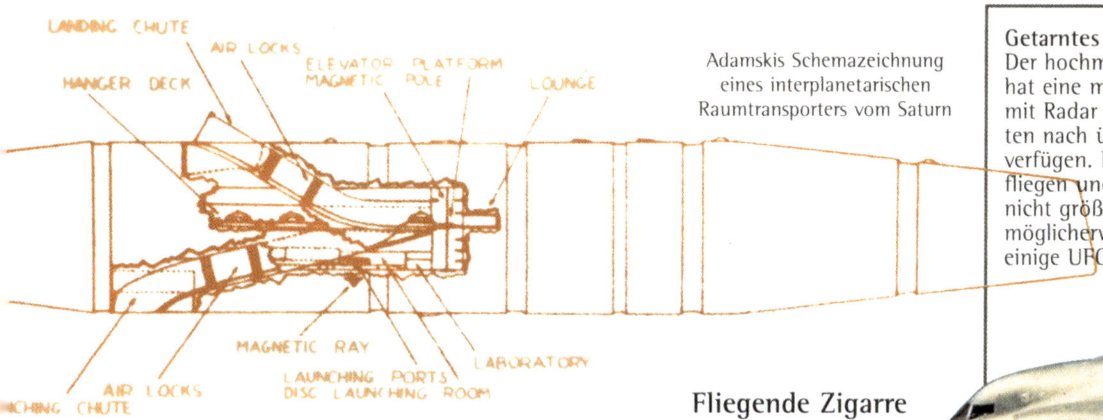

Adamskis Schemazeichnung eines interplanetarischen Raumtransporters vom Saturn

Fliegende Zigarre

Zigarrenförmige Raumfahrzeuge werden oft tagsüber beobachtet. Sie sind normalerweise silberfarben und haben Fenster in den Längsseiten. Oft übernehmen solche Raumfahrzeuge die Aufgabe eines »Mutterschiffes« für kleinere Raumfahrzeuge, die aus ihm herauskommen. Der amerikanische Schriftsteller George Adamski behauptete, dass er 1952 auf ein solches Schiff geholt und anschließend zur Venus und zum Saturn gebracht worden wäre.

Getarntes Raumfahrzeug

Der hochmoderne B2-Tarnkappenbomber hat eine merkwürdige Dreiecksform. Er ist mit Radar kaum zu orten und soll Gerüchten nach über Antischwerkraft-Fähigkeiten verfügen. Er kann lautlos in großen Höhen fliegen und erscheint auf Radarschirmen nicht größer als ein Vogel. Die B2 war möglicherweise der Auslöser für einige UFO-Meldungen.

Der Northrop-B2-Bomber fliegt seit 1989

Raumschiffe im Film

Die Macher von Sciencefiction-Filmen denken sich immer wieder neue, fantastische Raumschiffe aus. In Star Trek V – Am Rande des Universums von 1995 übertrifft die SS Enterprise (unten) bei weitem unsere technologischen Standards. Weltraumreisende können sich mit ihr nicht nur durch den Raum, sondern auch durch die Zeit bewegen und somit ferne Galaxien und zukünftige Welten besuchen.

Do-it-yourself-Raumschiff

In Amerika hat sich der Luftfahrt-Ingenieur Paul Moller selbst eine Art fliegende Untertasse gebastelt. Der Prototyp ähnelt aber eher einem »fliegenden Auto«, das in ca. zehn Meter Höhe über dem Boden schweben und ca. 400 km/h schnell fliegen kann.

Paul Mollers 1986 gebauter Merlin 200 Aerobot

UFOs WELTWEIT

Weltweit werden jährlich tausende von UFOs gemeldet. Die meisten Berichte von Sichtungen und Entführungen kommen aus Europa, Nordamerika, Australien, Südamerika und Japan. Einige dieser Länder haben »UFO-Kernzonen«, d. h. Gebiete, in denen die meisten UFOs gesichtet werden.

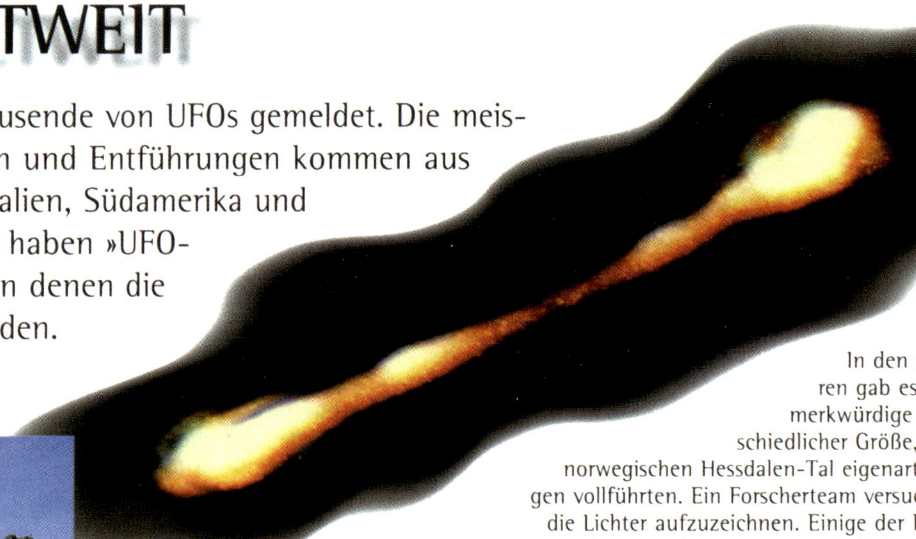

Lichter über dem Hessdalen-Tal

Das Hessdalen-Projek

In den achtziger Jahren gab es Berichte über merkwürdige Lichter unterschiedlicher Größe, die über dem norwegischen Hessdalen-Tal eigenartige Bewegungen vollführten. Ein Forscherteam versuchte daraufhin die Lichter aufzuzeichnen. Einige der Experten mutmaßen, dass es sich um eine Art »Erdlichter« handelt, di durch Kräfte in der Erdkruste verursacht würden. Tatsächlich hat aber bislang niemand stichhaltige Beweise liefern können; die Untersuchungen dauern deshalb ar

Technische Ausrüstung zur Aufzeichnung der Lichter beim norwegischen Hessdalen-Projekt

Aus Malaysia gibt es seit den vierziger Jahren Berichte von UFOs. Unheimliche Begegnungen mit kleinen Außerirdischen wurden von dort ebenfalls gemeldet.

Das nördliche Hokkaido, eine der vier japanischen Hauptinseln, ist Schauplatz vieler UFO-Sichtungen. UFOs wurden aber auch auf der Hauptinsel Hondo gesehen.

In Europa ist die Wahrscheinlichkeit ein UFO zu sichten recht hoch. Aus Frankreich, Großbritannien, Belgien und Skandinavien wurden zahlreiche Sichtungen und Entführungen gemeldet.

Auch aus Afrika gibt es UFO-Meldungen. UFOs wurden vor allem in Südafrika und auf den Kanarischen Inseln, die vor der Nordwestküste Afrikas liegen, gesichtet.

Die auf der Karte verwendeten Symbole	
	Die fliegende Untertasse zeigt die Stellen an, wo Unbekannte Flugobjekte (UFOs) gesichtet wurden (sog. »Sichtungen«). Auch die Orte von unheimlichen Begegnungen mit Außeridischen werden mit diesem Symbol gekennzeichnet.
	Dieses Symbol steht für Entführungen und Verschleppungen durch Außerirdische. Bei einer Entführung wird das Opfer von Außerirdischen an Bord eines Raumschiffes geholt. Manchmal weiß das Opfer anschließend nicht mehr genau, was vorgefallen ist.
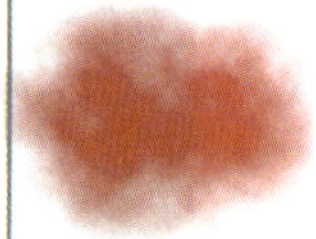	Dieses Symbol steht für eine Kernzone. Von dort wurden über mehrere Jahre hinweg zahlreiche UFO-Sichtungen und Entführungen gemeldet. Manchmal bezeichnet man eine Kernzone auch als »Schleusenbereich«. Man weiß nicht, warum gerade an diesen Orten die Wahrscheinlichkeit so hoch ist ein UFO zu sichten.

Aus Südaustralien und der Nullarbor-Ebene stammen viele UFO-Meldungen. Die Gegend um Adelaide und Melbourne gilt als UFO-Kernzone.

Sibirische Katastrophe

Am 30. Juni 1908 durchschnitt ein weißer Feuerstrahl den sibirischen Himmel und kurz darauf gab es eine ungeheure Explosion. Die Druckwelle, die weltweit spürbar war, machte an der Steinigen Tunguska, einem Fluss in Sibirien, 1994 km^2 Wald nieder. Experten, die den Vorfall untersuchten, konnten zwar radioaktive Strahlung nachweisen, aber keinen Einschlagkrater finden: Was immer die Detonation verursacht hatte – es war wohl noch in der Luft explodiert. Möglichweise handelte es sich um einen Kometen oder Meteoriten, vielleicht aber auch um ein atomgetriebenes UFO.

»Ein riesiger Feuerball erfüllte den Himmel und plötzlich wurde alles dunkel . . .«

Sergei Semenov, ein russischer Bauer

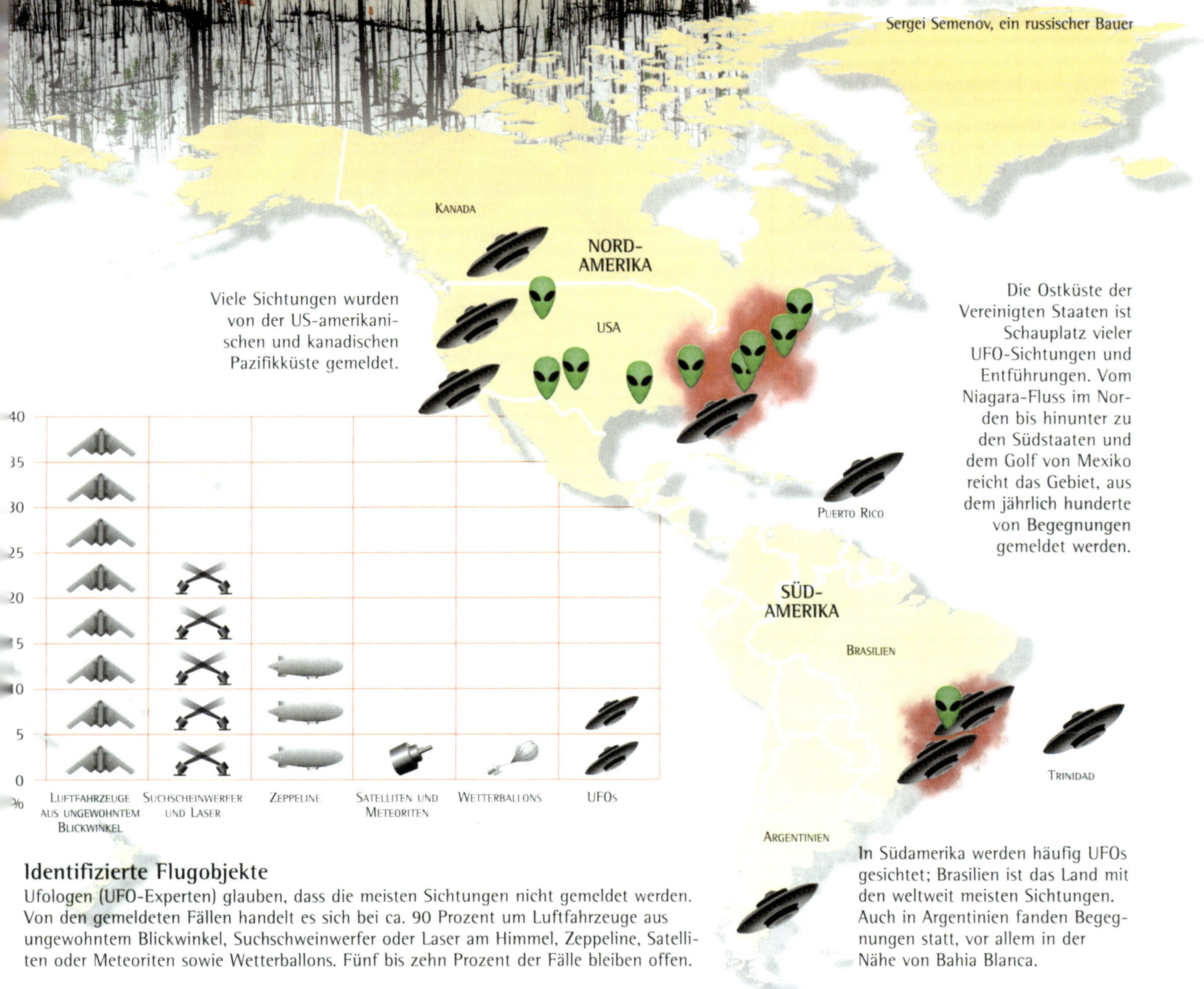

Viele Sichtungen wurden von der US-amerikanischen und kanadischen Pazifikküste gemeldet.

Die Ostküste der Vereinigten Staaten ist Schauplatz vieler UFO-Sichtungen und Entführungen. Vom Niagara-Fluss im Norden bis hinunter zu den Südstaaten und dem Golf von Mexiko reicht das Gebiet, aus dem jährlich hunderte von Begegnungen gemeldet werden.

Identifizierte Flugobjekte

Ufologen (UFO-Experten) glauben, dass die meisten Sichtungen nicht gemeldet werden. Von den gemeldeten Fällen handelt es sich bei ca. 90 Prozent um Luftfahrzeuge aus ungewohntem Blickwinkel, Suchschweinwerfer oder Laser am Himmel, Zeppeline, Satelliten oder Meteoriten sowie Wetterballons. Fünf bis zehn Prozent der Fälle bleiben offen.

In Südamerika werden häufig UFOs gesichtet; Brasilien ist das Land mit den weltweit meisten Sichtungen. Auch in Argentinien fanden Begegnungen statt, vor allem in der Nähe von Bahia Blanca.

Unheimliche Begegnungen

In den fünfziger und sechziger Jahren traten an die Stelle der Berichte über UFO-Sichtungen allmählich solche über »Begegnungen mit Außerirdischen«. Experten waren der Ansicht, dass Außerirdische mit den Menschen Kontakt aufnehmen wollten. Als die ersten Geschichten über Begegnungen mit Außerirdischen die Runde machten, wurden sie von einigen noch als Witz abgetan. Wieder andere waren jedoch von ihrer Echtheit überzeugt, da diese Aufsehen erregenden Augenzeugenberichte erstaunliche Einzelheiten enthielten.

Ein »Kobold« von der Sutton-Farm

»Als ich auf ihn schoss, hörte es sich so an, als ob ich in einen Blecheimer gefeuert hätte.«

Elmer Sutton

Besucher von der Venus

Howard Menger aus dem US-Bundesstaat Virginia verkündete 1956, dass er mit freundlichen Bewohnern von der Venus in Verbindung stehe. Er wäre ihnen dabei behilflich, ihr Aussehen dem der Menschen anzupassen. Die Männer sollten ihr langes, blondes Haar schneiden. Im Gegenzug hätte Menger Mondkartoffeln erhalten.

Howard Menger, der den Saturn besuchte, mit seiner Frau Marla. Er sagte, sie sei von der Venus.

Schüchterner Venusbewohner
Menger behauptete, dass dieses Foto einen Venusbewohner zeige, der sein Gesicht nicht preisgeben wollte. Raumsonden lieferten den Beweis, dass es auf der Venus für jegliches Leben zu heiß ist: Mengers Geschichte war also wohl ein Schwindel.

Die Belagerung der Sutton-Farm

Am 21. August 1955 bemerkten Mitglieder der Familie Sutton, dass sich ein »kleiner leuchtender Mann« ihrer Farm in Hopkinsville im US-Bundesstaat Kentucky näherte. Als man auf ihn schoss, fiel er zwar nach hinten um, wurde aber nicht verletzt. Plötzlich war die ganze Farm von kleinen Wesen mit eiförmigen Köpfen und gelben Augen umgeben. Herr Sutton schoss auf eines von ihnen, das sich auf dem Dach befand: Es schwebte sanft zu Boden und eilte dann davon. Kurz darauf traf die Polizei ein, konnte aber nichts finden. Als die Beamten gegangen waren, kamen die »Kobolde« zurück. Alle Bewohner der Farm – bis auf einen, der sich nicht traute hinzuschauen – sahen die Wesen.

Orson Welles 1938 bei der Radioübertragung von Krieg der Welten

Die Marsbewohner sind gelandet . . .
Am 30. Oktober 1938 inszenierte der Schauspieler und Regisseur Orson Welles seine Hörspielfassung von H. G. Wells' Roman Krieg der Welten. Das Hörspiel begann mit Welles' Erklärung, dass Marsbewohner auf der Erde gelandet seien und nun auf New York vorrücken würden. In ganz Amerika sprangen Menschen in ihre Autos und flüchteten. Die Panik war so groß, dass sich der Radiosender genötigt sah darauf hinzuweisen, dass die Meldung nur Teil des Hörspiels war.

Plakat zu einer Verfilmung von Krieg der Welten aus dem Jahr 1953

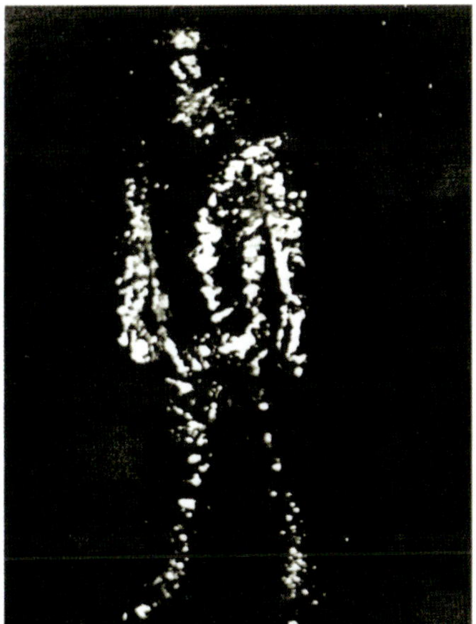

Greenshaws Aufnahme des silberfarbenen Außerirdischen vom 17. Oktober 1973

Raumfahrer im silbernen Anzug

Polizeihauptmeister Jeff Greenshaw machte dieses Foto von einem »Außerirdischen« 1973 bei Falkville im US-Bundesstaat Alabama. Der silberne Außerirdische flüchtete vor Greenshaw, der ihn auch mit seinem Auto nicht einholen konnte. Als Greenshaw später des Betruges bezichtigt wurde, quittierte er den Dienst.

Begegnung der eiförmigen Art

Im April 1964 fuhr der Polizist Lonnie Zamora aus Socorro im US-Bundestaat New Mexico gerade stadtauswärts, als er eine Flamme am Firmament bemerkte. Er fuhr darauf zu und entdeckte plötzlich ein glänzendes Objekt, das wie ein riesiges Ei auf stählernen Beinen dastand. Als Zamora näher heranfuhr, entdeckte er zwei kleine Wesen, die sich neben dem Ding befanden. Dann hob das Raumfahrzeug mit einem lauten Dröhnen ab und verschwand in den Himmel.

Landeplatz
Zamora forderte schnell über Funk Verstärkung an. Am Ort des Geschehens angelangt, stellte man Vertiefungen im Boden fest; außerdem standen in der Nähe ein paar Büsche in Flammen. Die Polizisten fanden vier Abdrücke im Boden, die möglichweise von dem Raumfahrzeug stammten, sowie fünf andere, die man als »Fußspuren« beschrieb.

Eine der Vertiefungen, die das Raumfahrzeug hinterlassen hat

Die Rückkehr des Eies
Spezialisten von der Luftwaffe hatten keine Erklärung für das, was Zamora gesehen hatte. Maurice Masse, ein Bauer aus dem französischen Valensole, war allerdings äußerst überrascht, als er ein Foto von Zamoras Raumfahrzeug zu Gesicht bekam: Es handelte sich um dasselbe, das er im Juli 1965 in einem seiner Lavendelfelder entdeckt hatte; auch die beiden kleinen Wesen hatte er gesehen.

Begegnungen und Verschwörungen

Als die ersten UFOs gemeldet wurden, gingen die meisten Ufologen davon aus, dass sie der Beweis für den Besuch von Weltraumwesen aus fernen Galaxien waren. Einige Leute glaubten auch, dass die Regierungen die Wahrheit über UFOs verschleierten, weil sie vielleicht Angst hatten, die Menschen könnten in Panik ausbrechen. Aber im Laufe der Zeit wurde deutlich, dass das, was sich tatsächlich abspielte, noch weitaus seltsamer und Furcht erregender war, als man je ahnte . . .

Außerirdische Raumstation
Als Neil Armstrong und Edward Aldrin 1969 im Rahmen der Apollo-11-Mission auf dem Mond umhergingen, sahen sie möglicherweise ein außerirdisches Raumschiff. Nach Aussagen von Schwarzfunkern, die den Funkverkehr zwischen den Astronauten abhörten, hätten diese von einem riesigen Raumschiff berichtet, das sich am Rande eines Kraters befand. Die NASA leugnete diese Geschichte.

Die schwarzen Männer

Im Jahr 1953 erhielt der Herausgeber der Zeitschrift Space Review, ein Mann namens Albert Bender aus dem amerikanischen Connecticut, Besuch von drei Männern in schwarzen Anzügen. Sie tauchten plötzlich in seinem Schlafzimmer auf und drohten ihm mit schlimmen Folgen, wenn er seine Zeitschrift nicht einstellen würde. Aus Furcht gehorchte Bender ihren Anweisungen. Andere UFO-Augenzeugen erhielten Besuch von »schwarzen Männern«, die sich als Regierungsbeamte ausgaben. Bislang hat jedoch kein Ministerium ihre Existenz bestätigt.

Künstlerische Darstellung der schwarzen Männer

»Ihre Augen flammten plötzlich wie Blitzlichter auf . . .«

Albert Bender

Ein Ermittlungsbeamter, Frau Lewis und eine Freundin stehen fassungslos vor Schnipsis Kadaver

Wer hat Schnipsi zerschnipselt?
Am 15. September 1967 wurde das Pony Schnipsi, das Frau Lewis aus dem Alamosa County im US-Bundesstaat Colorado gehörte, tot aufgefunden. Es war schrecklich verstümmelt: Zum Teil war es gehäutet worden und um den Hals herum fand sich eine Reihe glatter Einschnitte. Der Kadaver war völlig blutleer und auch einige innere Organe fehlten. In der Nähe des Kadavers wurden keine Fußabdrücke, dafür aber ölige Spuren von einer Maschine gefunden. Verschiedene Untersuchungen vermochten nicht zu klären, was Schnipsi zugestoßen war. Aus der Gegend waren bereits einige UFOs gemeldet worden.

Unheimliche Begegnungen

1. Unheimliche Begegnungen der ersten Art: die Beobachtung eines UFOs
2. Unheimliche Begegnungen der zweiten Art: das Auffinden von materiellen Beweisen für die Existenz von UFOs
3. Unheimliche Begegnungen der dritten Art: die Beobachtung von Außerirdischen in der Nähe eines UFOs
4. Unheimliche Begegnungen der vierten Art: die Entführung durch einen Außerirdischen
5. Unheimliche Begegnungen der fünften Art: die Kommunikation mit Außerirdischen mittels Zeichen oder Gedankenübertragung

Der Roswell-Zwischenfall

Ein Beamter mit den Überresten eines Wetterballons

Als der Farmer Mac Brazel am 3. Juli 1947 über seine Felder in der Nähe von Roswell im US-amerikanischen New Mexico ging, stieß er plötzlich auf ein merkwürdiges silberfarbenes Wrackteil. Es bestand aus einem ungewöhnlichen, sehr zähen und elastischen Material. Ein paar Meter weiter fand kurz darauf der Ingenieur Grady Barnett ein scheibenförmiges Gebilde, das in ein Feld gestürzt war. Innerhalb und außerhalb dieses Objekts lagen die Leichen von mehreren haarlosen Wesen mit großen Köpfen. Beamte vom nahe gelegenen Luftwaffenstützpunkt Roswell kamen schließlich zum Schauplatz des Geschehens und ordneten an, dass alle das Gelände zu verlassen hätten. Später wurde die Nachricht gemeldet, dass das Wrackteil von einem abgestürzten Wetterballon gestammt hätte.

Vertuschungs-Manöver?

Beamte vom Luftwaffenstützpunkt Roswell zeigten den Zeitungsreportern die Überreste eines Wetterballons. Mac Brazel behauptete aber, dass das Material, das er gefunden hatte, anderes gewesen sei. Dieses stammte, wie er sagte, »nicht von dieser Welt«. Major Marcel, ein Nachrichtenoffizier, gab später zu, dass es sich um eine Vertuschungs-Aktion gehandelt hatte, an der er beteiligt gewesen war.

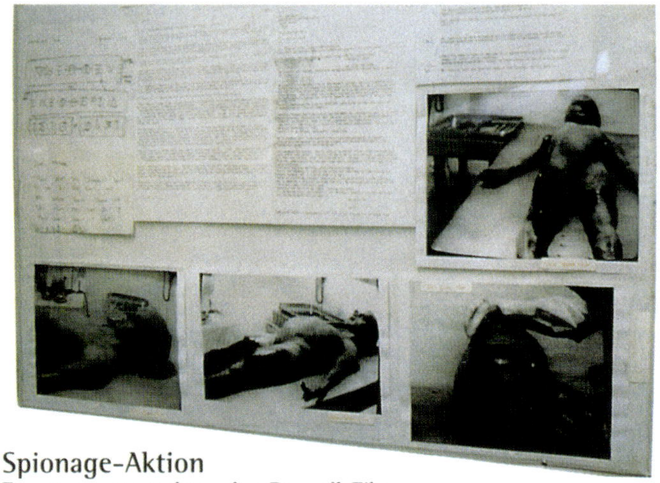

Standfotos vom »Außerirdischen« von Roswell

»Sie sahen aus wie Menschen, waren aber keine.«

Grady Barnett

Untersuchung eines Außerirdischen

Ein Film über den Roswell-Zwischenfall wurde 1995 im Fernsehen gezeigt. Ärzte waren bei der Untersuchung der Leiche eines der Wesen zu sehen, die bei der Absturzstelle gefunden worden waren (unten). Nach Aussage eines Beamten lebte eine der Kreaturen sogar noch, als man sie fand.

Spionage-Aktion

Experten untersuchten den Roswell-Film und kamen zu dem Schluss, dass es sich um einen Schwindel handelte. Einige Leute glauben, dass der Zwischenfall etwas mit Waffentests zu tun gehabt hatte. Der Wetterballon war möglicherweise Teil einer geheimen Spionage-Aktion gewesen.

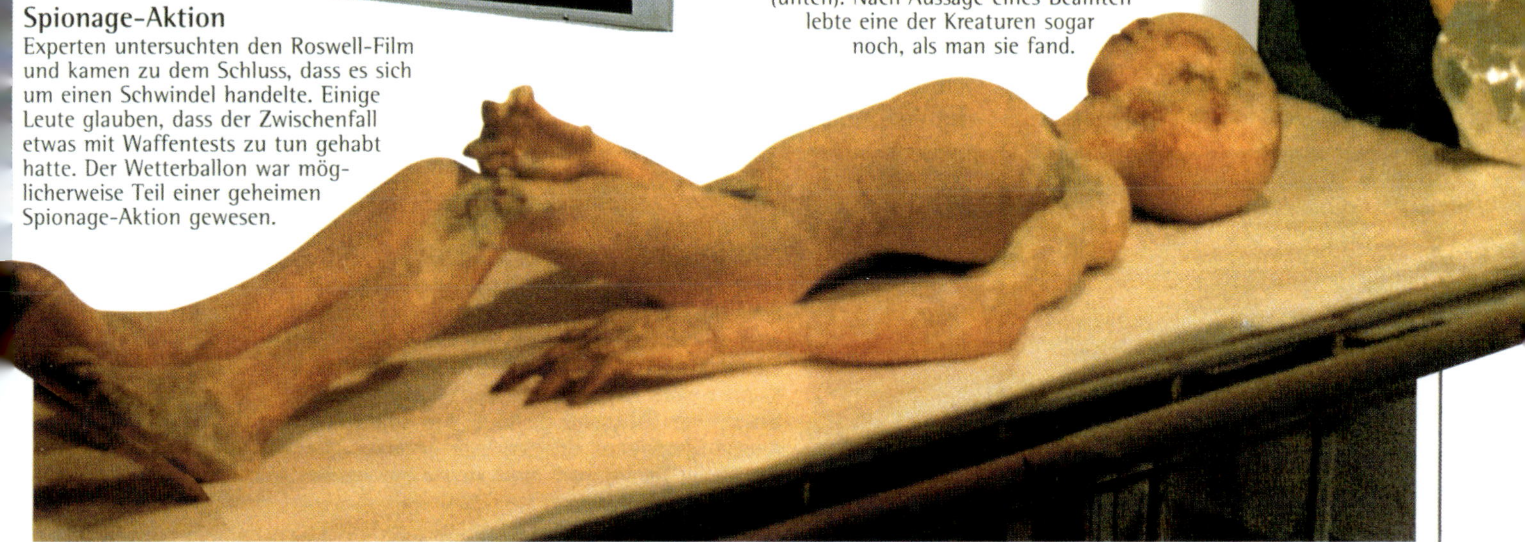

Arten von Aliens

Augenzeugen haben über alle möglichen Arten von Aliens berichtet; die Palette reicht von grünen Kobolden bis hin zu einbeinigen Monstern. Außerirdische aus fernen Welten haben sich möglicherweise anders als der Mensch entwickelt, weil ihre Lebensräume natürlich auch anders waren. Viele Außerirdische werden oft als »humanoid« beschrieben, d. h., sie haben einige Ähnlichkeit mit Menschen. In jüngster Zeit ist es zu Begegnungen mit sogenannten »Grauen« gekommen – das sind menschenähnliche Wesen mit großen Köpfen. Filmemacher stellen Außerirdische gerne als gruselige Monster dar, aber aus vielen Berichten geht hervor, dass sie nicht feindselig sind.

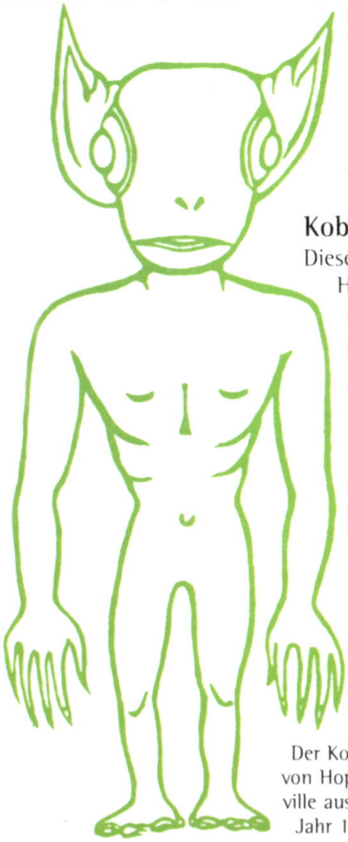

Kobold oder Geist?
Dieses koboldartige Wesen wurde 1955 in Hopkinsville im amerikanischen Bundesstaat Kentucky gesehen. Es war nur 87 Zentimeter groß, hatte aber 65 Zentimeter lange Arme.

Der Kobold von Hopkinsville aus dem Jahr 1955

Die Grauen

Während der achtziger und neunziger Jahre gaben verschiedene Zeugen verblüffend übereinstimmende Beschreibungen von Außeridischen zu Protokoll, die ihnen begegnet waren. Alle erinnerten sich an ein kleines menschenähnliches Wesen, das einen großen Kopf und große schwarze Augen hatte. Dieses Wesen wird allgemein als »Grauer« bezeichnet, weil es eine graue Haut hat. Der Graue erscheint nicht besonders bedrohlich und sieht ein bisschen wie ein Kind aus.

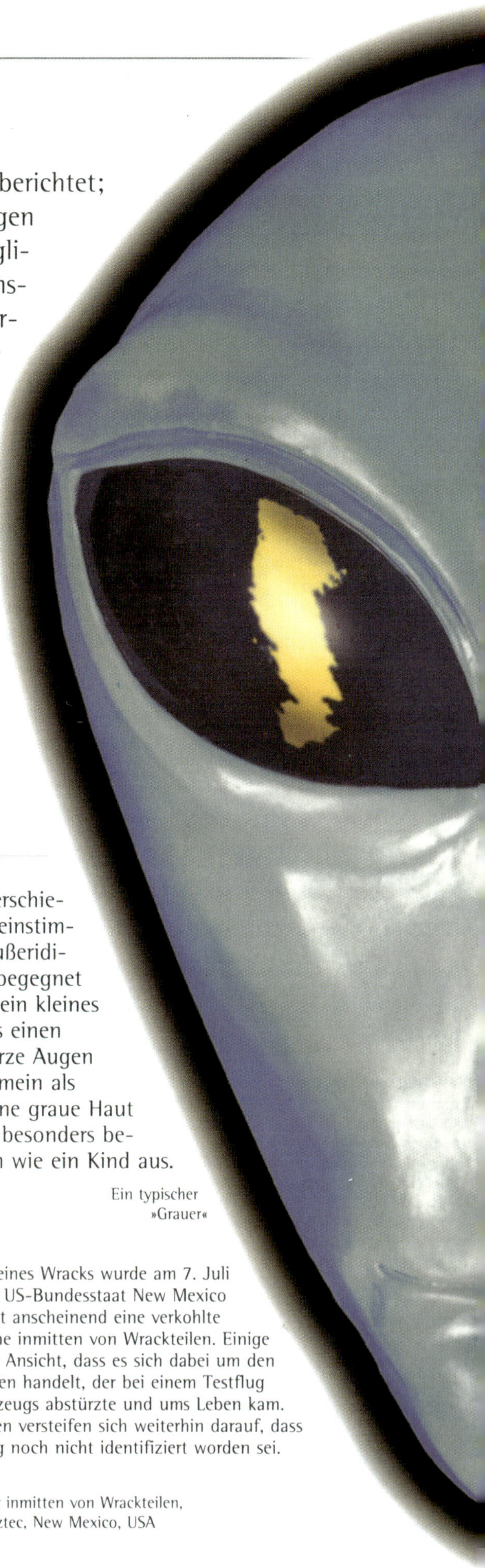

Ein typischer »Grauer«

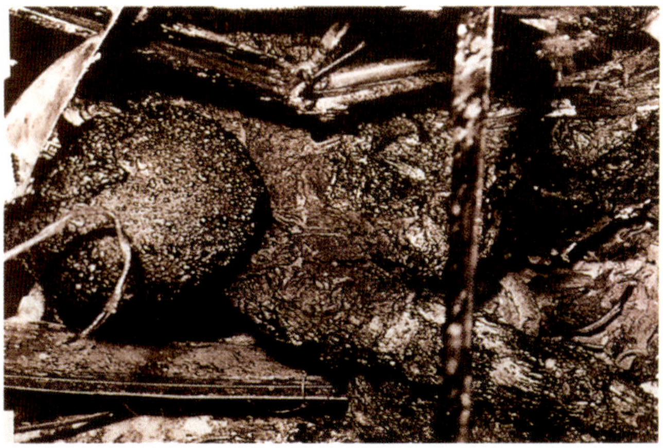

Affentheater
Diese Aufnahme eines Wracks wurde am 7. Juli 1949 in Aztec im US-Bundesstaat New Mexico gemacht. Sie zeigt anscheinend eine verkohlte menschliche Leiche inmitten von Wrackteilen. Einige Experten sind der Ansicht, dass es sich dabei um den Kadaver eines Affen handelt, der bei einem Testflug eines neuen Flugzeugs abstürzte und ums Leben kam. Andere Spezialisten versteifen sich weiterhin darauf, dass das Wesen bislang noch nicht identifiziert worden sei.

Leiche oder Kadaver inmitten von Wrackteilen, aufgenommen in Aztec, New Mexico, USA

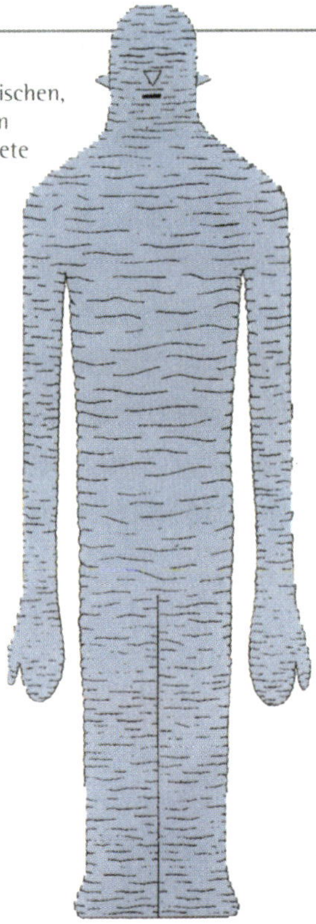

Zeichnung von dem Außerirdischen, dem Charles Hickson am 11. Oktober 1973 begegnete

Elefantenhaut

Charles Hickson und Calvin Parker aus dem amerikanischen Staat Mississippi waren gerade beim Angeln, als sich ihnen ein silberfarbenes UFO näherte. Parker wurde ohnmächtig, aber Hickson wurde an Bord geholt und von einem riesigen elektronischen Auge untersucht. Die Haut der Außerirdischen in dem Raumfahrzeug war grau und runzlig wie die eines Elefanten und ihre Hände waren wie Fäustlinge geformt.

So ein Schwindel!

Dieses Foto wurde in den fünfziger Jahren in einer deutschen Zeitung veröffentlicht. Es sollte angeblich einen Außerirdischen aus einem bei Mexico City abgestürzten UFO zeigen. Doch stellte sich heraus, dass es sich in Wirklichkeit wohl um eine Puppe oder einen kahl rasierten Affen handelte.

Dieses gestellte Foto aus einer deutschen Zeitung war ein Aprilscherz

Film-Monster

Frühe Sciencefiction-Filme waren oft durch unglaubwürdige Handlungen und gruselige Außerirdische gekennzeichnet. In Filmen wie Invasion of the Hell Creatures (1957) oder Daleks: Invasion Earth 2150 A. D. (1966) verfolgen häßliche, Furcht erregende Wesen die Übernahme der Weltherrschaft. Erst E. T. (1977) bot eine unheimliche Begegnung mit einem liebenswerten, verletzlichen Außerirdischen, der nur mit menschlicher Hilfe zu seinem Heimatplaneten zurückkehren konnte.

Ein Dalek aus Daleks: Invasion Earth 2150 A. D.

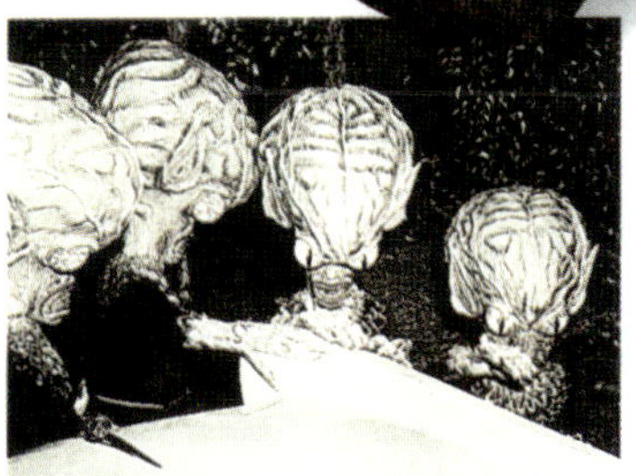

Sonderbare Außerirdische aus Invasion of the Hell Creatures

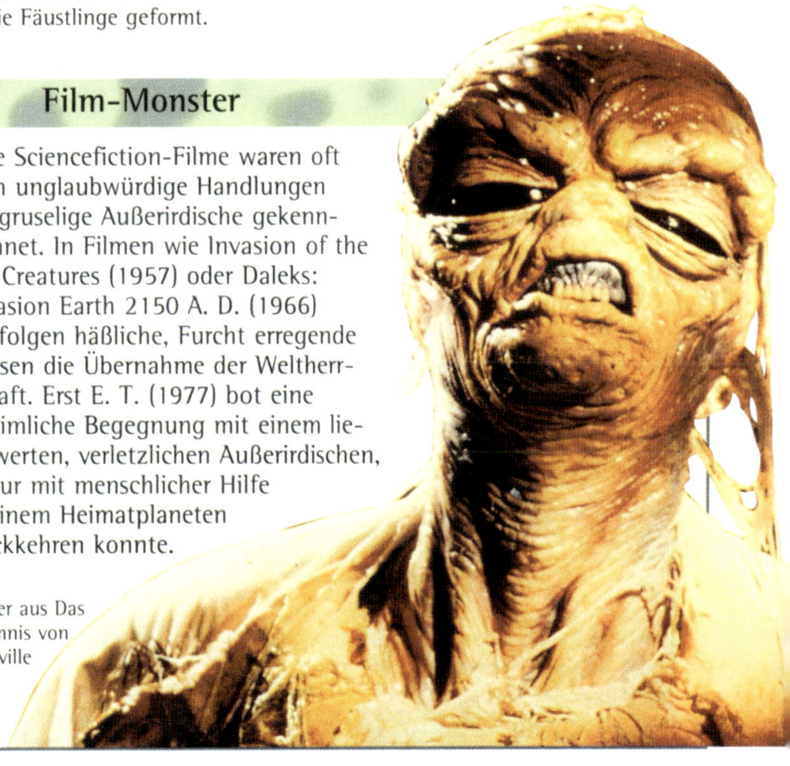

Monster aus Das Geheimnis von Centerville (1983)

Ich wurde entführt!

Bis in die sechziger Jahre waren Entführungen durch UFOs bzw. Außerirdische sehr selten. Der Fall von Betty und Barney Hill, einem Ehepaar aus dem amerikanischen Bundesstaat New Hampshire, das 1961 entführt wurde, erlangte als erster größere Bekanntheit. Ihr Bericht ist anderen Entführungsgeschichten sehr ähnlich. Die Ereignisse dauerten dem ersten Anschein nach nur wenige Minuten, tatsächlich aber wohl mehrere Stunden. Erst im Nachhinein konnten sich die Augenzeugen an die Vorgänge erinnern.

»Ihr Anführer sagte mir, dass ich alles vergessen müsse.«

Betty Hill

Betty und Barney Hill

»Sie hatten eine graubraune Hautfarbe und merkwürdig geformte Köpfe: Ihre großen Schädel liefen zum Kinn hin spitz zu. Zwei dünne Schlitze bildeten die Nase, darüber saßen zwei dunkle Augen und darunter dünne blaue Lippen.«
Betty Hills Beschreibung ihrer Entführer

Zeichnung von einem Außerirdischen, die sich auf die Beschreibung von Betty und Barney Hill stützt

Zeitlücke

Betty und Barney Hill waren mit ihrem Auto auf dem Nachhauseweg, als sie auf ein UFO stießen. Das Nächste, woran sie sich erinnern konnten, war, dass sie wieder losfuhren. Anschließend stellten sie fest, dass sie für ihren Weg viel länger als sonst gebraucht hatten. Zwei Stunden fehlten ihnen völlig. Später erinnerten sie sich daran, dass sie sich während dieser Zeitlücke an Bord des UFOs befunden hatten. Dort waren sie von Außerirdischen untersucht und anschließend wieder freigelassen worden.

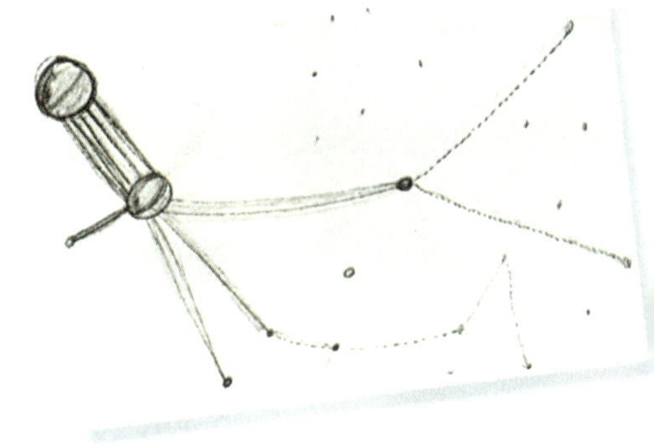

Sternkarte

Betty Hill wurde an Bord des Raumschiffs eine Sternkarte gezeigt. Später zeichnete sie sie aus dem Gedächtnis nach (oben). Die kräftigen Linien bezeichnen Handelsrouten der Außerirdischen, während die gepunkteten Linien Expeditionen kennzeichnen. Astronomen waren bislang nicht in der Lage die abgebildeten Sterne zu identifizieren

Von einem Lichtstrahl gepackt

Am 5. November 1975 stieß ein Holzfällertrupp, der mit einem Kleinbus in der Nähe der Stadt Phoenix im amerikanischen Bundesstaat Arizona unterwegs war, auf ein flammendes UFO. Travis Walton stieg aus dem Bus aus, rannte auf das UFO zu und wurde von einem Lichtstrahl nach oben gesogen. Tatenlos mussten seine Kameraden zusehen. Erst nach sechs Tagen tauchte Walton wieder auf und erzählte eine phantastische Geschichte: Er hatte versucht aus dem UFO zu flüchten, war dann aber ohnmächtig geworden. Als er wieder aufwachte, bekam er gerade noch mit, wie das UFO über ihm davonzischte.

Die Zeichnung zeigt, wie Travis Walton von einem Lichtstrahl gepackt wurde

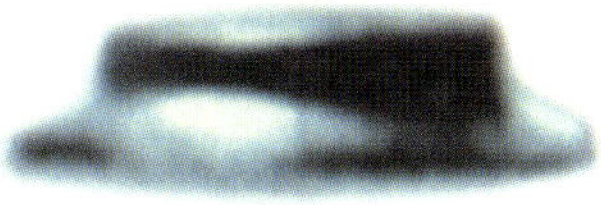

Sind die Aliens gelandet?

In einem Buch mit dem Titel Fliegende Untertassen sind gelandet, das 1953 erschien, behauptete George Adamski, dass er und sechs andere Menschen beobachtet hätten, wie ein Raumschiff in der kalifornischen Wüste gelandet sei. Ein Außerirdischer names Orthon (links abgebildet) hätte erklärt, dass das Raumschiff von der Venus stammte. Adamski schilderte dann weiter, wie er zur Venus gereist sei. Experimente von modernen Raumsonden haben ergeben, dass die Temperatur auf der Venus viel zu hoch sei, als dass dort uns ähnliche Lebensformen existieren könnten.

»Ich saß einfach wie angewurzelt da, starrte nach oben und wollte meinen Augen nicht trauen.«

Mike Rogers, einer der Holzfäller

Von einem Raumschiff angesengt und niedergestreckt

Am 20. Mai 1967 war der Monteur Stephen Michalak an einem See in der Nähe der kanadischen Stadt Winnipeg auf Goldsuche. Plötzlich erblickte er zwei UFOs, von denen eines landete. Er wartete ab und beobachtete das Raumschiff, aus dem Stimmen drangen. Dann näherte er sich ihm und beging den Fehler seine Außenhaut zu berühren: Sofort schmolzen seine Gummihandschuhe und sein Hemd ging in Flammen auf.

»Es strahlte stoßweise Hitze ab und roch nach Schwefel.«

Stephen Michalak

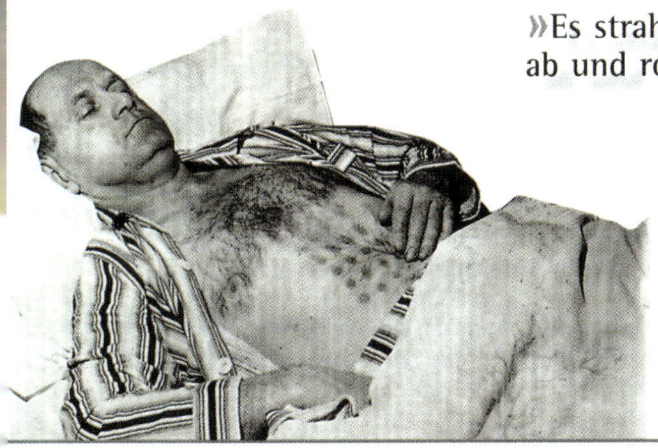

Brennender Schmerz

Michalak verlor nach dem Zwischenfall stark an Gewicht und litt unter Übelkeit. Die Brandwunden, die auf seinem Bauch ein merkwürdiges Muster gebildet hatten, verschwanden erst drei Wochen nach der Berührung des leuchtend roten UFOs.

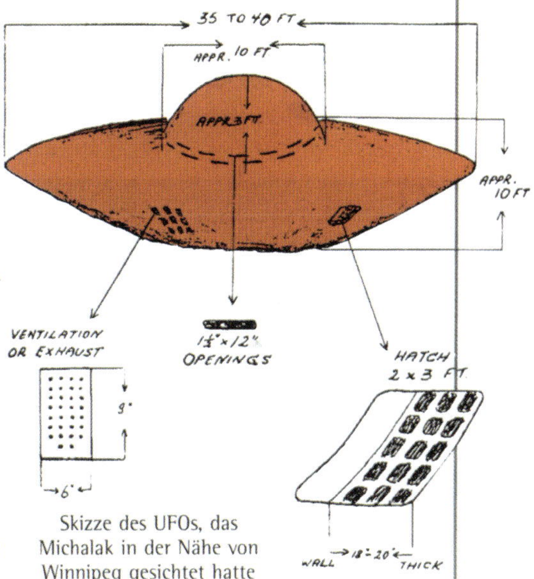

Skizze des UFOs, das Michalak in der Nähe von Winnipeg gesichtet hatte

In der Gewalt von Aliens

In letzter Zeit nahmen Entführungen immer merkwürdigere Züge an. So haben Außeriridische beispielsweise die Häuser von Augenzeugen besetzt. Einige Entführungsopfer leiden nach einer Begegnung unter ernsthaften körperlichen und seelischen Störungen. Meistens sind sie nicht dazu in der Lage, sich genau an das Geschehene zu erinnern. Viele Entführungsopfer unterziehen sich einer Hypnosebehandlung, um sich an die Ereignisse erinnern zu können und sie seelisch zu verarbeiten.

Außerirdische sind im Haus!
In seinem Buch Communion (oben, au Deutsch unter dem Titel Die Besucher veröffentlicht) schilderte Whitley Strieb 1987 seine schreckliche Begegnung mi Außerirdischen. Sein Haus wurde von ihnen besetzt und ihm war, als ob sie die Kontrolle über seinen Willen übernommen hätten.

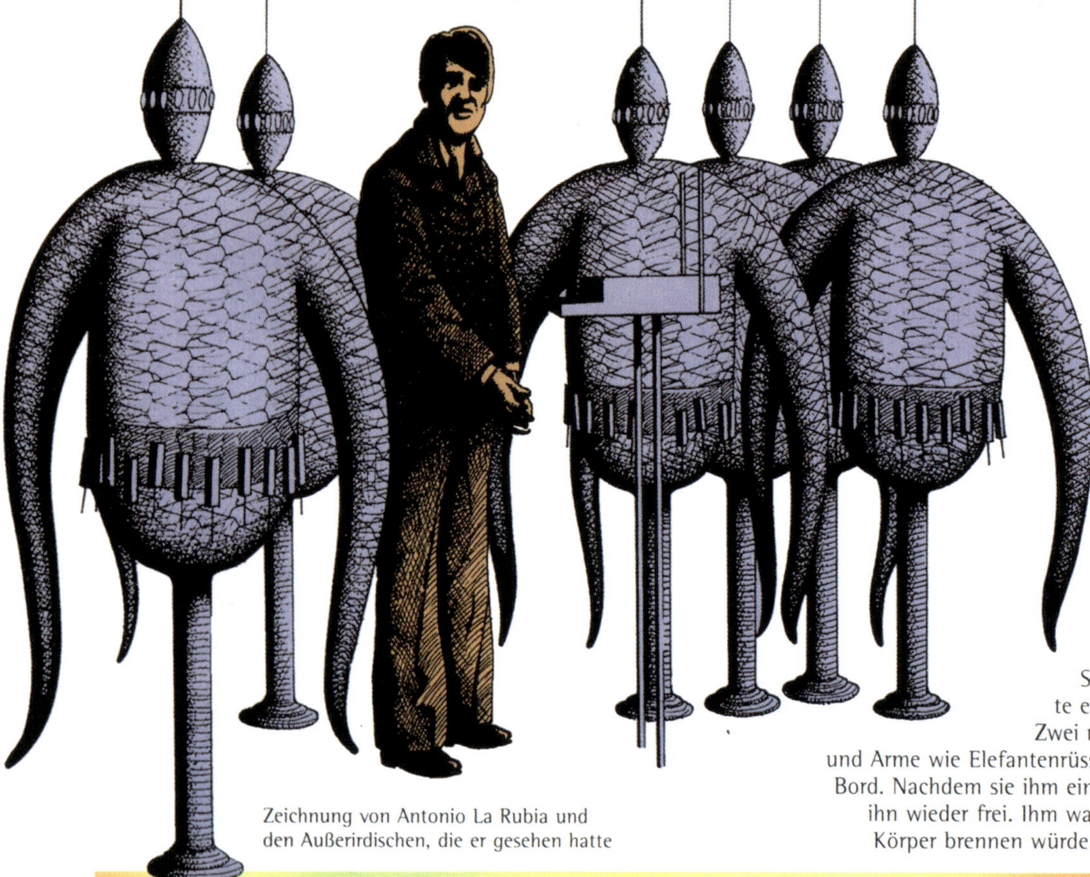

Zeichnung von Antonio La Rubia und den Außerirdischen, die er gesehen hatte

Krank durch Außerirdisch
Am frühen Morgen des 29. Septemb 1977 machte sich der Busfahrer Antoni La Rubia auf seinen Weg zur Arbeit nac Paciencia in der Nähe der brasilianische Stadt Rio de Janeiro. Kurz darauf beobachte te er, wie ein blaues UFO in einem Feld landet Zwei roboterartige Wesen, die jeweils nur ein Bei und Arme wie Elefantenrüssel hatten, kamen heraus und zerrten ihn a Bord. Nachdem sie ihm eine Blutprobe abgenommen hatten, ließen s ihn wieder frei. Ihm war anschließend jedoch so, als ob sein ganz Körper brennen würde; außerdem war er mehrere Tage lang kran

Warten auf die Aliens

1980 in Frankreich: Zweihundert Menschen warten auf die Ankunft der Außerirdischen

Franck Fontaine

Am 6. November 1979 behaupteten zwei Männer aus dem französichen Cergy-Pontoise, dass sie beobachtet hätten, wie ein Lichtstrahl das Auto ihres Freundes Franck Fontaine umfangen hätte und dieser anschließend verschwunden sei. Eine Woche später wachte Fontaine in einem Feld auf und erinnerte sich, dass er in einem UFO gewesen war. Einer seiner Freunde erzählte, dass Fontaine für August 1980 ein Treffen mit Aliens vereinbart hätte. Doch diese erschienen nicht. Fontaines Freund behauptete später, dass die Geschichte ein Schwindel gewesen sei.

Auf und davon

Am 30. November 1989 blieb in New York das Auto von zwei Geheimdienstagenten liegen. Sie beobachteten, wie eine mit einem Nachthemd bekleidete Frau zusammen mit drei Außerirdischen aus einem Appartementhaus herausschwebte, durch die Luft flog und in einem UFO verschwand. Bei der Frau handelte es sich um die New Yorkerin Linda Cortile. Sie behauptete später, dass sie schon oft entführt worden wäre.

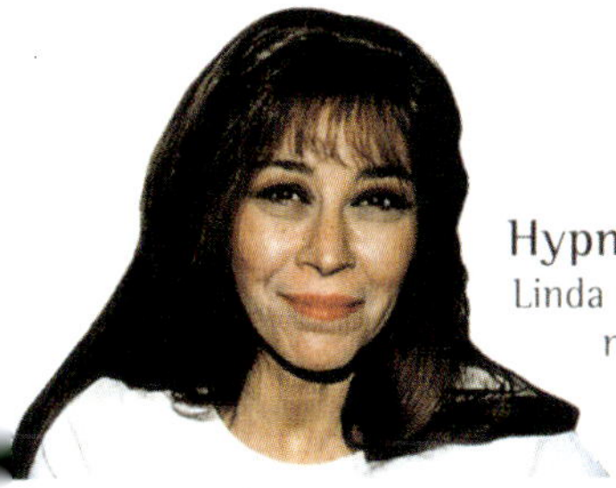

Linda Cortile

Hypnose-Erfahrung

Linda Cortile unterzog sich schließlich einer Hypnosebehandlung, die ihr dabei half, sich an die Entführungen zu erinnern. Sie war noch ein Kind, als sie zum ersten Mal von Außerirdischen gekidnappt wurde.

»Sie schwebte durch die Luft wie ein Engel . . .«

Ein Geheimdienstagent

Die Zeichnung zeigt, wie die Außerirdischen John Avis untersuchen

Untersuchung im Weltraum

Am 27. Oktober 1974 entdeckten John und Elaine Avis aus Essex, England, zusammen mit ihren Kindern ein UFO. Nebel umwallte das Auto und sie brauchten für den Nachhauseweg weitaus länger als sonst. Unter Hypnose erinnerte sich John Avis, dass er von Außerirdischen an Bord des UFOs gebracht und untersucht worden war.

Ist da draussen jemand?

Seit Jahrhunderten stellt sich der Mensch die Frage, ob er allein im Universum ist, und begann nach Spuren von Lebens auf anderen Planeten zu suchen, vor allem auf dem Mond und dem Mars. Dabei fand er heraus: Der Mond ist eine leblose Öde, aber Meteoriten vom Mars deuten auf einfache Formen von Leben hin. Wissenschaftler aus aller Welt bemühen sich seit Jahren, Signale aus dem All zu empfangen.

C. G. Jung

Traumwelt

Der Schweizer Psychoanalytiker C. G. Jung war der Meinung, dass UFOs nicht existieren. Er deutete die Beobachtung von UFOs als Traum mancher Menschen, die Träume für Wirklichkeit halten. Nach Jungs Theorie dienen UFOs einigen Menschen als Antwort auf Fragen nach dem tieferen Sinn des Lebens.

Die Raumsonde *Mars Global Surveyor* umkreist den Mars seit dem Herbst 1997

Gibt es Leben auf dem Mars?

Untersuchungen von Raumsonden haben ergeben, dass der Mars kahl und leblos ist. Ein Meteorit vom Mars, der 1984 in der Antarktis gefunden wurde, gibt jedoch Hinweise darauf, dass es auf dem roten Planeten einst doch eine Form von Leben gab. Unter dem Elektronenmikroskop treten in dem Felsstück winzige röhrenförmige »Fossilien« zutage. Sie sind ungefähr 3,6 Milliarden Jahre alt und deuten darauf hin, dass auf dem Mars einst einfache Organismen lebten. Das lässt wiederum auf komplexere Formen des Lebens schließen, die dort ebenfalls existiert haben könnten.

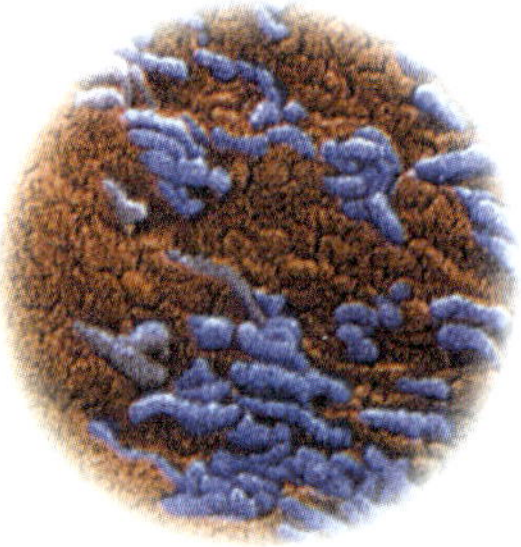

Die »Fossilien« sind hundertmal dünner als ein menschliches Haar

Der Meteorit vom Mars aus der Antarktis

Besichtigung des Universums

Eine Raumsonde wurde im November 1996 auf den Weg zum Mars geschickt. Sie heißt *Mars Global Surveyor* und umkreist den Mars seit Herbst 1997. Ihre wichtigste Aufgabe besteht darin, Aufnahmen von der Oberfläche des roten Planeten zur Erde zu senden. Sonden untersuchen auch andere Planeten unseres Sonnensystems, wie zum Beispiel die Venus, den Jupiter und den Saturn mit seinen Monden. Die Daten, die sie zur Erde funken, ermöglichen uns ein genaueres Bild des Universums. Die Suche nach Leben steht jedoch noch ganz an ihrem Anfang.

Register

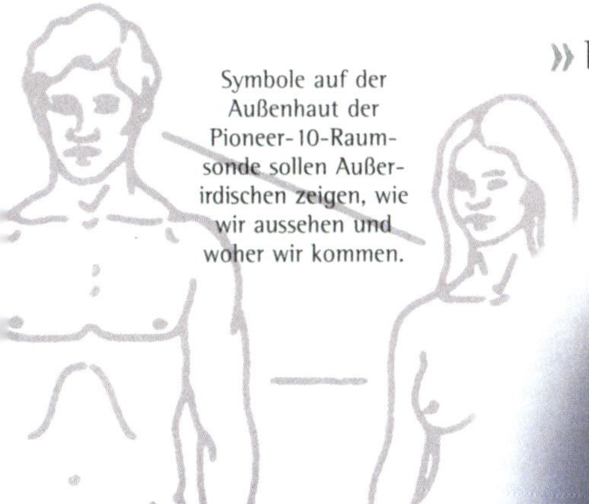

Symbole auf der Außenhaut der Pioneer-10-Raumsonde sollen Außerirdischen zeigen, wie wir aussehen und woher wir kommen.

» Es muss Millionen Planeten geben, auf denen Leben wie bei uns existiert. «

Carl Sagan, Astronom

Loch am Pol

Einige Ufologen sind der Ansicht, dass die Erdkugel hohl ist und UFOs aus ihrem Inneren durch Öffnungen aufsteigen, die sich in der Nähe des Nord- bzw. Südpols befinden. Das »Loch« auf dem Foto oben ist jedoch ein Gebiet, an das die Satellitenkamera nicht nahe genug herankam.

Ein Radioteleskop des Goldstone-Observatoriums mit 70 Meter Durchmesser

Lauschangriff auf das Weltall

Das Goldstone-Observatorium in Südkalifornien nimmt an dem Projekt SETI (Search for extraterrestrial Intelligence, auf Deutsch Suche nach außerirdischer Intelligenz) teil. Mit Radioteleskopen lauschen die Wissenschaftler dort nach Signalen aus dem Weltraum. Im Laufe der Zeit werden sie den ganzen Himmel – darunter auch tausend nahe Sterne wie zum Beispiel unsere Sonne – abgetastet haben. Vielleicht entdecken sie eines Tages intelligentes Leben.

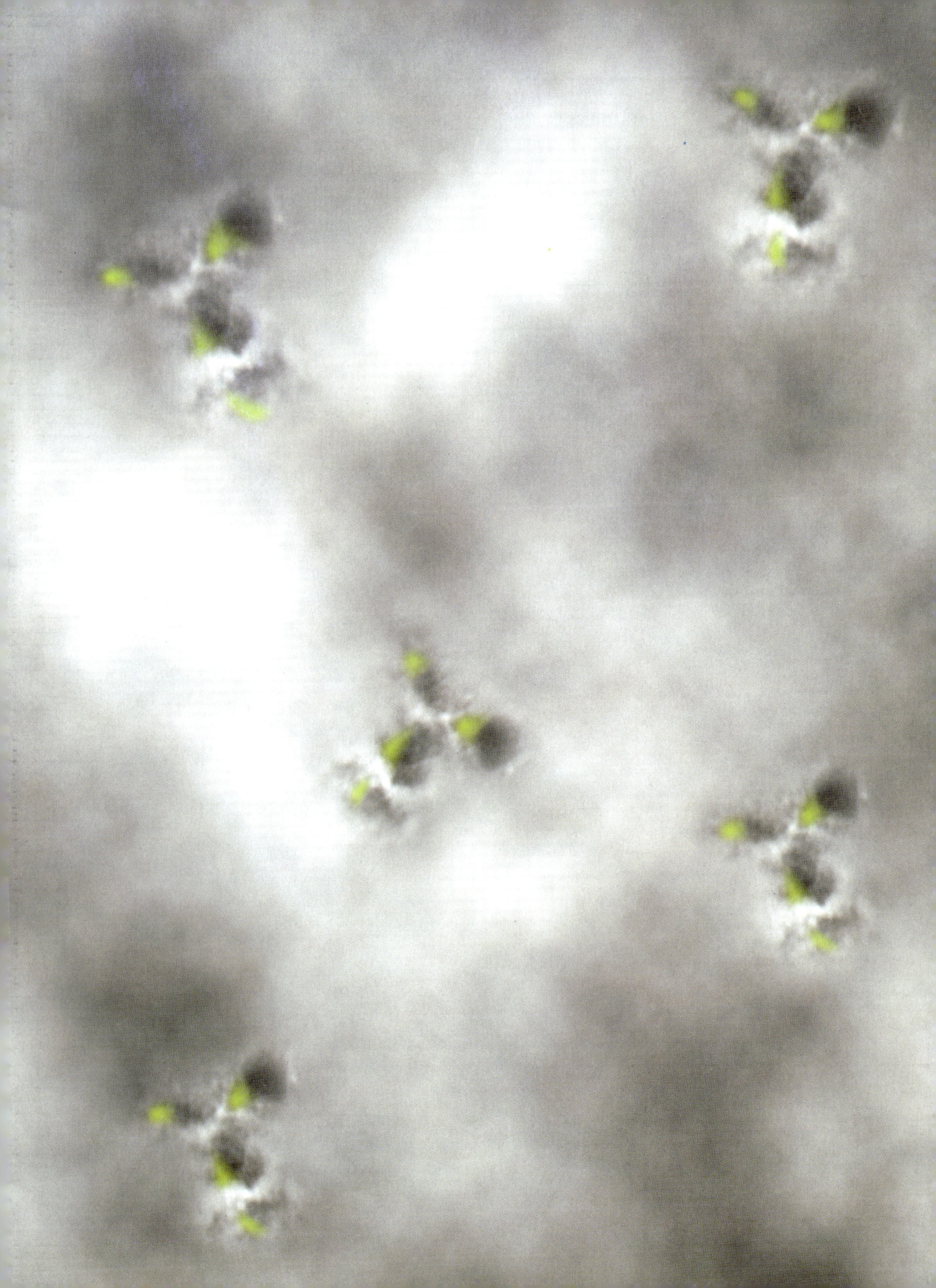

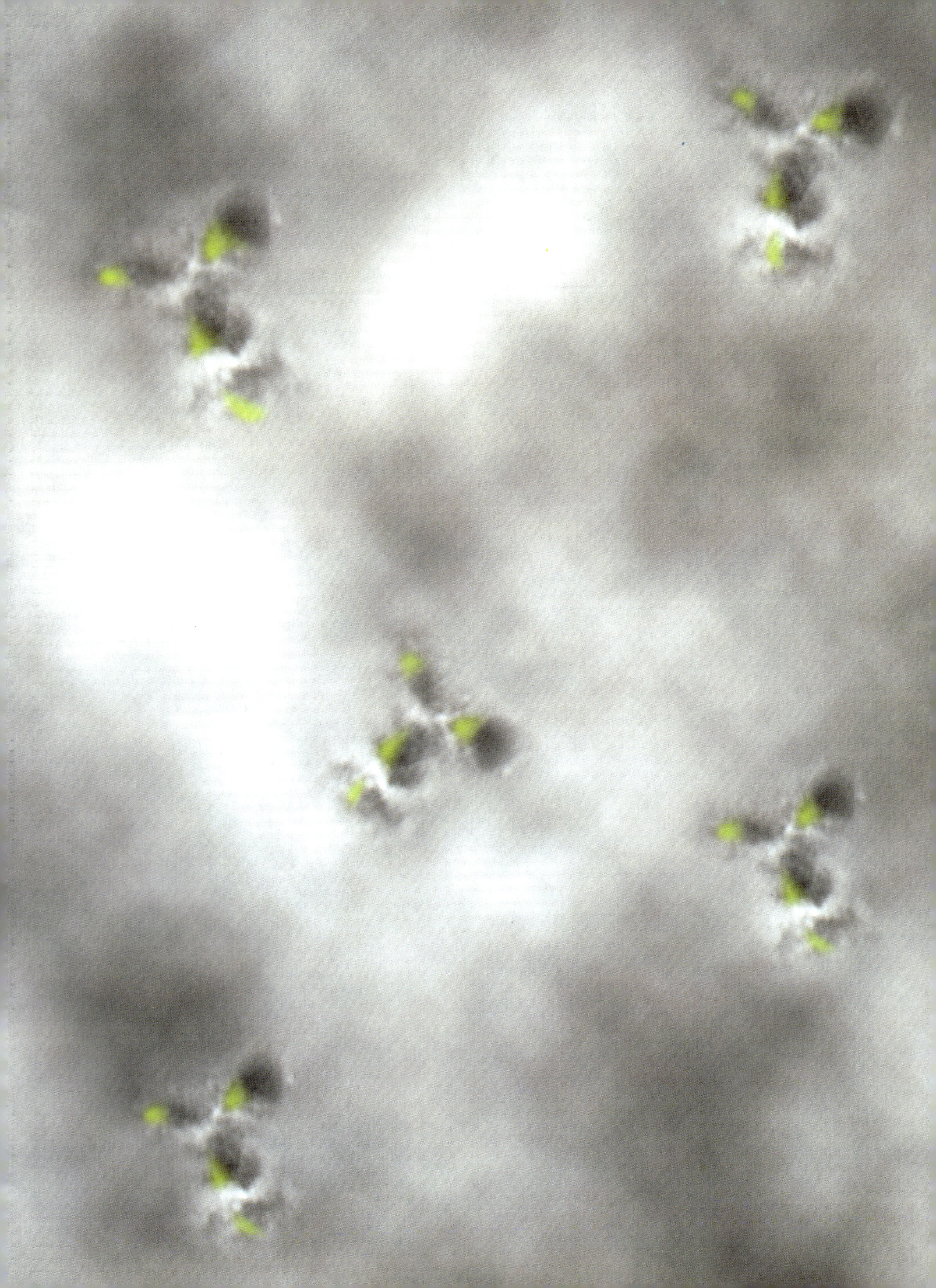